言視舎評伝選

井崎正敏
Izaki Masatoshi

吉田松陰

幽室の根源的思考

Yoshida Shoin

言視舎

吉田松陰（1830 ～ 1859）

「絹本着色吉田松陰像（自賛）肖像部分」山口県文書館所蔵

吉田松陰＊目次

吉田松陰

——幽室の根源的思考

序章　いま一度問う、「吉田松陰とはだれか」

1　一柱の神はなにを祈る

世田谷・松陰神社

二〇一四年の一月末、私は初めて東京世田谷にある松陰神社の社域に足を踏み入れた。本書執筆のための最初のステップであった。

世田谷に生まれ育った私は、かつて区役所に行くために、「玉電」（東急玉川線、現在の東急世田谷線）の「松陰神社前」に下車したことが何度かあった。しかし神社にまで足を延ばしたことはなかった。というよりも、なぜこんなところに「松陰神社」があるのか、不審の眼で眺めていたのである。

大学一年生の秋に、級友二人と山陰地方を旅行した。萩にも一泊し、レンタサイクルで市内を巡り、松下村塾を見学し、松陰神社にも参拝した。しかし土塀越しに青い柑橘《かんきつ》が見える武家屋敷の景観の方に、むしろ心を惹かれた記憶がある。

大学の卒業レポートに松陰を取り上げた際も、世田谷・松陰神社に参拝することは思いつかなかった。だから十代で萩の松陰神社に詣でたあと、世田谷にはその後五十年近くも足を運ばなかったことになる。

その日はすでに真冬の夕陽が傾きかけていた。境内には観光客らしい数人の女性グループが写真を撮りあっているほかに、人影はまったくなかった。

下調べした神社のサイトには、合格祈願の案内が大きく貼りだされていた。戦時中には「忠君愛国」の神様であった松陰も、いまや受験の神様になったのかと苦笑させられた。菅原道真《すがわらみちざね》を祀る天満宮《てんまんぐう》がすっかり合格祈願の名所になったのだから、松陰神社も驚くには値しない。

しかし実際の社域には祈願の宣伝の幟《のぼり》などもなく、森閑とした佇まいであった。すこし安心した。

拝殿から左手の小道を入ると、松陰の墓を中心にした墓域に行きあたる。薄暮のなか、奥まった一画に立ち並ぶ墓碑に囲まれていると、霊の気配を感ずるような幻覚に誘われた。

かつてこの地は長州藩の別邸（江戸藩邸火災の折の避難場所）であり、毛利藩主の官位が「大膳大夫」であったために、一帯は大夫山《だいぶやま》と呼ばれていた。文久三（一八七三）年、高杉晋作たち松陰門下が、小塚原の回向院《えこういん》から松陰の墓をここに改葬し、現在の墓域が出来た（その後幕府に破壊されたが、明治初年に再建された）。明治十五（一八八二）年に隣接して松陰神社が創建され、現在の社殿を中心にした配置が整った。

松陰の墓を改葬した際に、おなじ回向院から頼三樹三郎《らいみきさぶろう》と小林民部（良典《よしすけ》）の墓も一緒に改葬した。ともに安政の大獄に斃《たお》れた反幕の志士であった。その後、松陰の友人である来原良蔵《くりはらりょうぞう》と中谷正亮《なかたにしょうすけ》の墓も、この地に改葬された。

これらの墓に並んで、みずからの遺言によって松陰の墓域に眠る野村靖（和作）夫妻の墓所があった。野村は松陰最後の過激プランを実現するために、ほとんどの門下生が離反するなか、兄・入江九一《くいち》（杉蔵）とたった二人で、死を賭して奔走した。たまたま幕末を生き延び、政治家として栄達の道を歩んだけれども、生涯、師を敬慕した。

帰り際、私と行き違いに、ひとりの老婦人が足早にやってきて、大鳥居の前で深々と一礼して、拝殿に進んでいった。おそらく日課としてお参りしているひとである。いまなにを松陰の御魂に祈願するのか、気にかかった。

社域から谷ひとつ挟んだ西側の丘に、豪徳寺《ごうとくじ》という曹洞宗の寺院がある。ここは彦根・井伊家の菩提所であり、「安政の大獄」を指揮した大老・井伊直弼《いいなおすけ》の墓もここにある。

「僕は武蔵野の片隅に住んでいる。東京へ出るたびに、青山方角へ往《ゆ》くとすれば、必ず世田ヶ谷を通る。僕の家から約一里程行くと、街道の南手に赤松のばらばらと生えたところが見える。これは豪徳寺――井伊掃部頭《かもんのかみ》直弼の墓で名高い寺である。豪徳寺から少し行くと、谷の向うに杉や松の茂った丘が見える。吉田松陰の墓および松陰神社はその丘の上にある。井伊と吉田、五十年前には互に倶不戴天《ぐふたいてん》の仇敵で、安政の大獄に井伊が吉田の首を斬れば、桜田の雪を紅《くれない》に染めて、井伊が浪士に殺される。斬りつ斬られつした両人も、死は一切の恩怨《おんえん》を消してしまって谷一重《ひとえ》のさし向い、安らかに眠っている。今日の我らが人情の眼から見れば、松陰はもとより醇乎《じゅんこ》として醇なる志士の典型、井伊も幕末の重荷を背負って立った剛骨の好男児、朝《ちょう》に立ち野《や》に分れて斬るの殺すのと騒いだ彼らも、五十年後の今日から歴史の背景に照らして見れば、畢竟《ひっきょう》今日の日本を造り出さんがために、反対の方向から相槌《あいづち》を打ったに過ぎぬ。彼らは各々その位置に立ち自信に立って、するだけの事を存分にして土に入り、余沢を明治の今日に享《う》くる百姓らは、さりげなくその墓の近所で悠々と麦のサクを切っている」。

これは明治・大正の文学者、徳富蘆花《とくとみろか》が明治四十四（一九一一）年二月一日に、第一高等学校で行なった講演「謀叛《むほん》論（草稿）」の冒頭の一節である。のどかな一節にも読めるが、じつはこの一週間前に幸徳秋水以下十二名を大逆罪で死刑に処した時の政府に抗議するために、周到に配置されたイントロダクションであった。

幸徳たち無政府主義者は大逆事件の「乱臣賊子」として「絞台の露」と消えたけれども、かれらは「人類の為に尽さんとする志士」であった。その「有為の志士」をなぜ殺したのか、情状酌量すべきではなかったか、というのが蘆花の怒りであり、抗議のモチーフであった。蘆花は無政府主義に与したわけではなかったが、かれらをはっきり「志士」と認定したのである。

蘆花によって幸徳たちは松陰に擬せられ、時の宰相桂太郎と桂を背後から操った元老山県有朋《やまがたありとも》は、井伊に擬せられた。すでにこのとき世田谷と萩の二箇所に神として祀られていた松陰が、ここでは天皇暗殺を企てたとされる危険分子に重ねあわされたのである。

蘆花の兄、徳富蘇峰《とくとみそほう》は、明治二十六（一八九三）年に初の本格的な松陰の評伝を書き、その冒頭に、「誰《た》ぞ　吉田松陰とは」と問いを発した。その答えは「電火的革命家」、「維新革命に於ける、一箇の革命的急先鋒」であった。明治四十一年の改版の際に「革命」の文字はすべて抹消されたけれども、弟はそのイメージをさらに過激に増幅したのである。

　無政府主義者を弾圧した山県有朋は松陰門下であり、幕末には高杉晋作のもとで奇兵隊を率いて活躍した。桂太郎は当時年少のため門下ではなかったが、前記中谷正亮の甥であり、遺言により松陰墓域に隣接した地に葬られた。ともに松陰の系列にあることを誇りとした人物であった。

　つまり明治末年には、尊王愛国の松陰の精神を継承すると自負した山県・桂のような人脈と、幸徳を松陰に重ね合わせることをも辞さない蘆花のような感性とのあいだに、松陰のイメージは分裂していた。むろん前者が多数派である。

　幕府に命を懸けて抵抗した人物として松陰を見れば、蘆花の見方になり、思想を抽象的な観念としてだけ取り出せば、山県・桂のラインになるだろう。これはたんに明治天皇制下の一エピソードではない、戦後の今日にまで尾を引く松陰評価の問題である。

　神社の鳥居を出てすこし西に歩くと、国士舘大学と中・高校のキャンパスがあった。この立地には訳があると思い、調べてみると、やはりそのとおりだった。この学校の原型である私塾国士舘は、「大正維新の松陰塾」（「設立趣旨」）を目標に、大正六（一九一七）年に東京麻布に設立された。戦前右翼の一大源流である玄洋社《げんようしゃ》の流れをくみ、蘇峰も設立に関与した。その創立二年後に、現在の松陰神社隣接地に移転したということであった。

ミズーリ艦上の星条旗

一九四五（昭和二十）年九月二日、東京湾に停泊した米戦艦ミズーリ号の甲板で、連合国に対する日本の降伏文書が調印された。日本側は、政府を代表して重光葵《しげみつまもる》外務大臣、軍を代表して梅津《うめづ》美治郎《よしじろう》大本営参謀総長が、それぞれ署名した。

連合国側は連合国軍最高司令官ダグラス・マッカーサーをはじめ、アメリカ合衆国、中華民国、イギリス、ソヴィエト連邦、オーストラリア、カナダ、フランス、オランダ、ニュージーランドのそれぞれの代表が署名した。

このとき甲板には二枚の星条旗が飾られていた。一枚は真珠湾攻撃時にホワイトハウスに翻っていたものであり、もう一枚の古ぼけた星条旗は、嘉永七（一八五四）年にペリーの艦隊が再来航した際、その旗艦ポーハタン号に掲げられていたものであった（嘉永六年の最初の黒船来航時の旗艦はサスケハナであり、ポーハタンは来航しなかった）。星は三十一個である。

安政五（一八五八）年六月十九日（旧暦）に、日米修好通商条約が調印されたのも、このポーハタン号の甲板上であった。ただしこの年の五月十一日（太陽暦）にミネソタ州が合衆国の新たな州として加わっていたから、星条旗には三十二の星が輝いていたかもしれない。

いずれにせよ、降伏文書調印式をデザインしたマッカーサーの脳裏には、この安政の不平等条約によって日本を「開国」し、米欧が主導する世界史のなかにこの極東の島国を引きずり込んだ、歴史的な記憶が鮮明に呼び起されていたにちがいない。

「大東亜戦争」に敗れ、城下《じょうか》の盟《ちかい》の場に掲げられたこの星条旗は、日米修好通商条約がアメリカの砲艦外交によって強制された条約であることを象徴するとともに、今回の降伏調印がまたアメリカの圧倒的な軍事力による勝利の結果であり、以後の連合国軍の占領もまた、強大な軍事力を背景になされることを予告していた。こうして第二の強制された「開国」が開始された。

日米修好通商条約調印に先立つ四年あまり前の嘉永七（一八五四）年三月二十七日の晩、このおなじポーハタン号の甲板の上で、松陰吉田寅次郎《とらじろう》が一歳年下の同志金子重之助《しげのすけ》とともに、アメリカに密航したいという希望を通訳官に必死に訴えていた。このときの星条旗は、まちがいなく戦艦ミズーリの甲板に飾られていた星三十一個の星条旗であった。

その九十一年後、降伏文書に調印した日本は、国の独立権を占領軍に奪われ、六年後の講和条約によってそれを回復したあとも、日米安保に象徴される対米従属関係の下に置かれた。泉下の松陰はそれをどう眺めているであろうか。

松陰は正真正銘の攘夷主義者であった。一度はペリーを斬ろうとさえした。しかしかれの攘夷は、夷狄《いてき》を一歩もこの神国日本に踏み入れさせまいとする、頑迷固陋な排外主義ではなかった。

むしろ天皇親政の日本の古代においては、朝鮮などに進出した「雄略」の歴史があったことを力説した。その「国体」論の考え方からすれば、開国も通商も、それ自体決して否定されるべきものではなかった。

ではなぜ松陰は通商条約調印にあれほど憤り、以後、過激な反幕計画を連発したのか。天皇の勅許を得ずに調印したことに、尊王主義者松陰は当然怒った。しかしなによりも、それが対等な関係において結ばれたものではなく、武力をバックに力ずくで調印させられたことに、松陰は憤激したのであった。

日米のあいだに兵備の大きな隔たりがあるにせよ、一戦も交えずに、敵の言いなりに調印するとはなにごとか、日本はアメリカの「属国」になるのか、と松陰は息巻いた。松陰こそ、属国論のパイオニアだったのである。

一国が真に独立するとはどういうことか、松陰が声の限りに叫んだ「攘夷」というテーマは、いまも私たちに問いかけつづけている。この一柱の神は、ただ偉人伝の一人として祭り上げられることをきっぱりと拒否しているであろう。しかし松陰を出しにして現状を批判することは控えたい。

明治二十六年に徳富蘇峰が、「誰ぞ　吉田松陰とは」と問うたのは、松陰の歴史上のアイデンティティを問うことをとおして、当時の国民主義者蘇峰がみずからの立ち位置を問い返していたのであった。

ではいま、なにを私たち自身に問うために、吉田松陰を問い返すのか。逆に言えば、松陰を問うことで、私たちのなにをいまあらためて問うことになるのか。その問いはほんとうに有効な問いであるのだろうか。

すでにこれだけ調べ上げられ、これだけ論じられてきた人物を、いま一度論じようというからには、それははっきりさせておかなければならないだろう。以下、そのことを考えていきたい。

2　松陰を追体験する意味はどこにあるのか

戦後の代表的松陰像

蘇峰が民友社から出した『吉田松陰』にはじまって、昭和二十（一九四五）年の敗戦に至るまで、多くの松陰伝記や松陰論が刊行された（蘇峰以前は、おもに松陰自身のテクストが順次出版されていた）。幕末史家の田中彰の調査によると、とくにその数が急増した昭和十年代には、国体論・皇国史観をベースに、修身の教科書では「忠君愛国」の松陰像が造型され、また時局に便乗したかたちで、「大東亜共栄圏」建設の先駆者、「日本精神」の体現者、無私の尊王主義者、軍国教育の祖などといった松陰イメージが乱造されたとされる。私もそのほんの一部を読んだにすぎないが、異論はない（そんななかで、労働運動家の関根悦郎による評伝は、左翼的なモチーフを秘めた例外的な書物であった）。

昭和九（一九三四）年に岩波書店から本格的な松陰全集が刊行を開始し、十一年に完結した。さらに漢文を読み下した普及版全集が、十三年から十五年まで、おなじ岩波書店から刊行された。時代の動向が後押しした出版企画であったことはまちがいない。

全集の編者として、資料の収集・筆写・校訂の過程に全力を尽した、玖村《くむら》敏雄や広瀬豊による伝記や研究は、周到にしてきわめて実証的で、現在も基本図書の位置を揺るがない。しかしかれらの著書もまた、皇国史観に彩られていた。

ではそれらの松陰像に対する批判の上に立った戦後の松陰論は、どのような新たな松陰像を提出したのであろうか。軍国主義教育に松陰が利用されたというなら、戦前にまとわれたそれらのイメージをどのように払拭したのであろうか。

少年読物から絵本までを加えればおびただしい松陰関連本が出版された戦前においても、いま読むに値する書物は何冊にもならない。それが当然だというならば、戦後もかなりの数の関連書籍が刊行されたけれども、注目に値する書物はやはり何冊もない（実証的な研究は除いて）。

戦前においてだれしもが認める評伝のパイオニアは、蘇峰の『吉田松陰』であった。戦後にその位置を占めるのが、奈良本辰也の岩波新書『吉田松陰』である。

戦前に二種類の全集を出し、敗戦後には戦後民主主義の大きな担い手となっていた岩波書店から刊行された、この少壮歴史学者による松陰像は、一躍注目を集め、いまだに評価されつづけている（新刊で入手もできる）。

ではどのように松陰イメージを塗り替えたのであろうか。この書が刊行された一九五一（昭和二十六）年一月は、前年六月の朝鮮戦争勃発を受けて、当時主導的なマルクス主義系の歴史学者のあいだで、「アメリカ帝国主義」に対抗する「民族独立」が声高に叫ばれていた。この背景のもと、民族の英雄としてヤマトタケルが再評価され、吉田松陰もまたスポットライトを浴びせられたのであった。

当時の歴史学会に大きな影響力をもった日本共産党は、アメリカ帝国主義と日本の買弁勢力による支配から、まず「民族」の「独立」を果し、「民主革命」を実現し、そのうえで速やかに社会主義に移行するという「二段階革命」の理論を提唱していた。

奈良本もこの発展段階説を踏まえて、明治維新を絶対主義の成立ととらえ、封建社会から歴史を一段階進めた変革として評価した。松陰も、絶対主義に向けて思想の歩を進め、民族の独立を確保した実践的思想家として位置づけられたのである。

それだけなら、戦前のマルクス主義者・関根悦郎が、「この変革に於ては、尊王攘夷といふイデオロギーの下に一切の進歩的、民族的統一国家形成の傾向が統合せられつゝあつた。謂はゞこの傾向を代表するものが、最も進歩的だつたのである」(『吉田松陰』、一九三七年)と述べたのと、あまり変わりはない。

しかし奈良本の松陰への思い入れは、この進歩史観の枠に収まりきらない松陰の人間的魅力を描き上げたために、刊行後半世紀以上経った現在も、読まれつづけているのであろう。

松陰の文章のひだを丹念に読み解きながら、この純粋で誠実な人格に迫った評論が、河上徹太郎の『吉田松陰』(一九六八年)である。戦前の皇国史観からも、戦後の発展段階説からも自由な視点で、松陰との対話を試みた良質の文芸評論である。副題に「武と儒による人間像」とあるように、兵学的実践の構えと儒学的教養によって形成された松陰の人格が、たいへん好もしいかたちで描き出された。

もう一冊代表的な作品を挙げるとすれば、司馬遼太郎の『世に棲む日日』(一九七一年)であろう。松陰とその門下である高杉晋作を主人公に、幕末長州藩の波乱に富む動向を活写した長篇小説である。行動家高杉晋作の、ほんとうにそうだったのかと疑わせるほどに破天荒で、面目躍如たる描き方に対比して、思想家松陰はいまひとつ精彩がない。

行動のなかに精神と思想を読み込むことにかけては天下一品の著者も、思想を思想として描き出すことには難渋したようである。こういう陰もなければ裏もない稀有な人格を描き出すには、近代の小説という技法はあるいは相応《ふさわ》しくなかったのかもしれない。

奈良本も河上も司馬も、それぞれのかたちで松陰という人格に引きつけられ、その引きつけられた秘密を解き明かすために、それぞれの筆を振るった。もちろん幕末の思想動向のなかを生きた人間として、その人間的魅力を語っているのではあるが、そこに語られる魅力は、我々と肩を並べて対話できる一般的な魅力に還元された感じがしないではない。そこに戦後の松陰像の特徴があると言っていいのだが、私にはいささか不満が残る。

これはより一般的な松陰イメージにも、共通することであった。だれによって提示されたというよりは、ともかくだれにでも知られた松陰像である。

流通する松陰イメージ

松陰と聞いてすぐに思い浮かぶ最初のイメージは、国禁を犯してアメリカに渡ろうとした、いわゆる「下田踏海《とうかい》」のエピソードではないだろうか。これが松陰の生涯でもっとも劇的な場面であることはまちがいない。

『宝島』のスティーヴンソンが、イギリスに留学中の村塾出身者である正木退蔵から話を聞いてまとめた小品「吉田寅次郎」（一八八〇年）は、時間の前後だけをいえば、蘇峰の評伝に先立つ作品である。これも作者がいちばん関心をひかれた下田踏海を中心に、冒険心と向学心に富んだ日本青年として、寅次郎を描きあげた。

寅次郎の密航願いを退けたペリー側の印象も、二人に対してきわめて好意的だった。ペリーが監修して編纂された『ペリー日本遠征記』（ホークス編著、一八五六年）のなかでも、二人は、国禁を犯し、命を懸けて、米欧の文明を学ぼうとした真率な日本青年として描かれている。

アメリカ人であるペリーやイギリス人であるスティーヴンソンにとって、寅次郎はきわめて好もしい日本青年に映じたであろう。進んだ欧米文明を学ぶために、命も顧みずに、米艦に乗り込もうとした向学心と冒険心に富んだ青年たちというイメージである。当然ながらこの松陰像は、「第二の開国」を経た戦後日本の松陰イメージに直結した。

「忠君愛国」の志士からイメージチェンジするには、格好の場面であった。しかし松陰と重之助は、戦後のフルブライト留学生のように期待と緊張に胸を膨らませて、米艦の舷梯をよじ登ったのではない。かれらは米欧の文明を憧憬していたのではなかった。

寅次郎は一度はペリーを斬ろうとした青年であった。かれらのまなざしに艦上のアメリカ人に対する敬意がふくまれていたとしても、それは敵意に満ちた敬意であった。かれらの渡航目的はただひとつ、敵情を偵察することであった（くわしくは第二章を読んでいただきたい）。

戦後の下田踏海イメージは肝心のかれらのこのモチーフを蔽い隠し、戦後思潮に合わせてデフォルメされた青年像にすりかえられていた。これでは松陰はわからない。

『大菩薩峠《だいぼさつ》』の中里介山《なかざとかいざん》による少年読物『吉田松陰』も、この踏海シーンがハイライトである。しかし大正十四（一九二五）年に書かれたこの作品は、松陰のモチーフも、それに対する友人たちの懸念も、しっかり描き込まれていた。

つぎに人材を輩出した教育者という松陰像を見ていこう。松下村塾というちっぽけな塾から、幕末維新のリーダーとなった多くの人材が輩出された。たった二年十か月のあいだに、入塾者総数百人に満たないなかから、有名どころを挙げただけで、たちどころに十本の指では足りなくなる。それ以前の兵学門下にも俊秀がいた。

池田屋事件（一八六四年）に倒れた吉田稔麿《としまろ》、禁門の変（一八六四年）に戦死した久坂玄瑞《くさかげんずい》と入江九一、新時代を待たずに病に斃《たお》れた高杉晋作、萩の乱（一八七六年）の首謀者として斬首された前原一誠、明治新国家の舵取りをした木戸孝允、明治憲法体制を確立した伊藤博文、日本陸軍の創設者となった山県有朋、政界の中枢を担った野村靖・品川弥二郎・山田顕義など。木戸が明倫館における兵学門下であった以外は、みな松下村塾の門下生であった。

その他、幕末の激動のなかで非業の死を遂げた青年たち、明治の官界や学界で活躍した人びとを数えあげれば、門下生の半ばを越えるだろう。スティーヴンソンに松陰を紹介した正木退蔵も、帰国後、東京職工学校（いまの東京工業大学）の校長になった。

それ自体は、たしかにたいしたことにはちがいない。だがこれらの有名人を輩出したことを松陰の功績とすれば、松陰自身が異を唱えるであろう。出世偏差値狙いの教育など、松陰が唾棄したものである。錚々《そうそう》たる塾出身者番付は松陰人脈がたまたま生み出した結果であって、松陰の教育意図とは関係ない（くわしくは第三章参照）。松陰の生き方・死に方が、かれらを「興起」したのはまちがいないことではあるが。

教育の実態に関しても、いかにも戦後教育思想に呼応した松陰像が流通した。学生を既成の型に嵌めこむことなく、それぞれの個性に即して成長を期した教育方法を実践したという評価である。たしかに、個々の学生と面談し、かれらの個性や能力に見合った教育方法を選択し、個別にテクストを選び、時に応じて褒《ほ》め、またけなし、反応をじっと見守った。人間の潜在的な可能性を信頼していた。その可能性を適切に引き延ばせば、「だれでも聖人になれる」と言い切った。素晴らしい教育理念である。

しかしここでも肝心のことが忘れられている。たとえば松浦亀太郎（松洞）という魚屋の息子で画家を志す青年が入門した。画家としての教養を身に着けるのが目的であった。松陰はその才気を愛し、「無窮」と命名し、忠孝を説いた。その結果、僧月性《げっしょう》をはじめとする忠孝節義の人の肖像画をもっぱら描き、松陰晩年の肖像画が代表作となった。ついには国事に奔走し、文久元（一八六一）年、公武合体派の家老・長井雅楽《うた》を斬ろうとして果せず、自刃した。

松門に加わらなければ、山水画や美人画で一家をなしたかもしれない。だがその方面に画才があったとしても、松陰はその道を認めなかった。「忠義」という絶対価値に無縁の嗜みに対して価値を置かなかっただけでなく、むしろその妨げと考えていたからである。

つまり門下生が自由に各方面に多彩な才能を伸ばすことを喜び、暖かく見守っていたわけではない。そこを忘れると、ほんとうの松陰に出会うことはできない。

思想の底板を踏み破って

現在流通しているリベラルな教育者像も、留学を熱望する青年冒険家というイメージも、戦後の価値観が必要とした松陰像であって、かれの半面を都合よく引き出した産物にすぎなかった。松陰は革命家ではあったが、民主的な社会に向けて、時代を前へ前へと押しすすめた進歩主義者ではなかった。たしかに、士分だ卒分だという武士階級内部の区別をやすやすと跳び越えた。士農工商の階級区分などものともせずにひとと付きあった。それだけではない、農民たちも差別した被差別部落の人びとに、差別感情を抱かなかった。体質にまで化した対等感覚の持ち主であった（第三章参照）。

しかしそれは、自由や人権という理念を基盤に、人間の平等を信じて疑わなかったからではない。だれしも「皇民」（天皇の民）であるかぎり、対等の存在理由をもつと考えたからである。松陰のヒューマニズムは、強烈な尊王意識をベースにした一君万民論として成立していた。一君の下では、封建社会の階級や差別意識は一挙に解消され、すべての日本人は等価な存在理由を獲得する（第四章参照）。

特別な構造ではない。西欧近代に自覚された自由や人権といった理念も、神や自然法といった超越的な存在のもとで保障されていた。

この一君万民論に至るまで、松陰は血みどろの思想的営為をつづけた。さらに「草莽崛起《そうもうくつき》」という最晩年の思想は、一個の独立した政治的主体の発見であり、またその連帯を意味した。民衆はもはや一君を介することで等価となっただけの存在ではなく、互いに独立しつつ、積極的にはたらきあう能動的な主体として認識されはじめたのである（第六章参照）。

福沢諭吉が、「一身独立して一国独立す」と近代の言葉で語ったことを、松陰は「草莽崛起」と「攘夷」という前時代の言葉で語った。福沢の言葉はスマートだが、松陰の言葉には積年の血が染みこんでいる。松陰の思想的苦闘を追体験することによって、はじめて「一身独立」のテーゼに歴史的な重みが加わるであろう。

また一君と万民との関係においては、君主が徹底的に暴君であった場合をシミュレイトすることで、その関係が内部崩壊する可能性をも示唆していた（第六章参照）。松陰自身はあくまで忠義を果すつもりであったが、それは悲壮な決意であった。一君が超越的な神でも理念でもなく、生身であるところに問題が潜んでいたのである。

松陰は自分に課せられた価値のあり方を徹底的に考え詰め、実践に移すことによって、その価値体系をついに内側から食い破った。その崩壊の予兆のなかに、内発的なあらたな価値の可能性が準備されていたのである。

松陰は幕府の法によって刑死した。幕藩体制はまだ崩壊していなかった。松陰の一君万民という枠組みは、その後国民国家を形成するためにかなりの成功を収めたが、その一方、明治国家のなかでさまざまな矛盾を露呈した。

たとえば福沢諭吉や中江兆民という明治の思想家は、その問題の解決のために、思想的苦闘を重ね、それぞれに解決のためのアイディアを提出した。しかしその後の歴史的なりゆきは私たちのよく知るところである。

松陰は同時代の思想の底板をあらんかぎりの力で踏み切って、跳びあがった。もっとも低い位置から跳びあがった分だけ、その跳躍はもっともラディカルな思考の航跡を描き上げた。諭吉も兆民も、松陰ほど低い位置から跳びあがりはしなかった。思想にとって、どこまで高く遠く跳んだかに劣らず、どこから跳んだかはきわめて重要である。

「身はたとひ武蔵の野辺に朽ちぬとも留め置かまし大和魂」という歌を残して、松陰は刑場に向かった。ほとんどの通俗的松陰本やかれを尊敬すると称するひとたちは、この「大和魂」を受け継ごうという。本気で松陰の思想を受けとめれば、そんなことができるはずもない。

ではは松陰を問うことで、私たちのなにをいま問うことになるのか。たとえば自由や人権や主権という原理自体を松陰のなかに尋ねても、なにも解決は見つけ出せない。しかしそれらの思想を、私たち自身のエートス（歴史的に形成された気風）の問題として問おうとするならば、松陰にまで戻って考えることは、ひとつの根源的な思考体験となるであろう。原理という種子は、私たちの足もとの土壌に根をおろすことなしに、発芽することはないからだ。

いまも私たちのなかに、底流し、重層する、さまざまにあいまいなエートスのありかを、松陰ほど徹底的に、身をもって問い詰めた人はいなかった。しかし松陰に解答をもとめてはならない。松陰の着地点が私たちの出発点である。

本書は松陰の行動と思考を追体験し、そのことでかれの「大和魂」という荒ぶる留魂を鎮魂する試みである。そこまで松陰は十分に考え抜き、十分に生きた。

第一章　若き兵学者が駆ける――発見への旅

1　新しい風をもとめて――平戸へ、長崎へ

はじめての遊歴

嘉永三（一八五〇）年陰暦八月二十五日、二十一歳の吉田大次郎は、朝まだ明けやらぬ萩郊外・松本村を出発した。目的地は九州の平戸である。本人は意気軒昂であったが、小柄で痩身の旅姿は、いささか頼りなげであったにちがいない。下男の新介が従者として付いたのも、まわりが一抹の不安を感じていたからではなかっただろうか。

大次郎は文政十三年（この年十二月に天保と改元する。西暦一八三〇年）八月四日（陽暦九月二十日、以下すべて月日は当時の陰暦表示）、長州藩の城下町萩の東郊にある松本村団子岩《だんごいわ》に生れた。幼名は干《え》支《と》に因んで虎之助。のち大次郎、松次郎、寅次郎と順次改名した。名は矩方《のりかた》、字《あざな》は義卿《ぎけい》。

父の名は杉百合之助、禄高二十六石の下級藩士であった。大次郎（当時、虎之助）幼少の頃は無

役であったために農民同様の生活であり、農作業の傍ら、虎之助を厳しく教育した。五歳の時に、父のすぐ下の弟であり、山鹿《やまが》流兵学師範の吉田家を継いでいた吉田大助の仮養子となった。翌年大助が病没したため、虎之助は六歳で吉田家の当主となり、名も大次郎と改めた。

ただし幼少のため杉家にそのまま同居し、藩校明倫館における兵学教授も養父の高弟たちが代講した。少年時代の教育は、実父、つづいて叔父（百合之助・大助の弟）の玉木文之進が担当し、この兵学者の厳しい薫陶《くんとう》によって経学と兵学の基本を修得した。また「皇国」の皇国たる基本を学び知った。その激烈なスパルタ教育ぶりは、実母瀧《たき》をはらはらさせたほどであった。

大次郎の妹、千代は晩年につぎのように当時を語っている。「松陰が年少の頃、実父、又は叔父の許にて書を学ぶに、実父も叔父も極めて厳格なる人なりしかば、三尺の童子に対するものと思はれざること屢々《しばしば》なりしと。母の如き側《そば》に在りて流石《さすが》に女心に之れを見るに忍びず、早く座を立ち退かば、かかる憂目《うきめ》に遇はざるものを、何故寅次郎（正確にはまだ大次郎――引用者）は躊躇するにやと、はがゆく思ひしとか」（松宮丹畝「松陰先生の令妹を訪ふ」、明治四十一年）。

天保九（一八三八）年、九歳になった大次郎は家学教授見習として藩校明倫館に登った。早くも十一歳で藩主毛利慶親《よしちか》（のち敬親《たかちか》）の前で山鹿素行の『武教全書』を講じ、高い評価を得た。早期教育が功を奏した早熟な少年だったのである。

この御前講義ののちも、叔父文之進が主宰する松下村塾（のちに松陰が主宰する松下村塾の前身にあたる）や少年大次郎を後見した山鹿流の高弟たち、また他流である長沼流の師範のもとで、勉学を積み、十九歳の嘉永元（一八四八）年にはじめて独立の師範となった。

これに先立つ十七歳の弘化三（一八四六）年の夏に、防州・長州二国の地図を入手し、朝夕これを眺めて暮らした。そして政治を行なう者、兵を用いる者は地理に知悉《ちしつ》していなければならないことをつよく自覚した。これは終生変わらぬ信念となった。

またこの頃、家学の後見人であった山田宇右衛門から、江戸土産として、刊行間もない箕作《みつくり》省吾《しょうご》の世界地理書『坤輿図識《こんよずしき》』（弘化二年）を贈られ、世界情勢に眼を開かれる端緒となった。

嘉永二（一八四九）年には、海防御手当御内用掛を命じられ、何人かの同僚とともに藩内の海岸線を防衛上の観点から巡視する視察旅行も行なった。

このように順風満帆のまま成長し、秀才の誉れは藩内に聞えていたけれども、青年の頭のなかには、父や叔父に叩き込まれた書物の知識が、ほぼ原形のままに詰め込まれていた。立派に祖述はできたけれども、それ以上の批判や応用はまださほど期待できなかった。

しかし家学である兵学という学問は、軍事というきわめて実践的なテーマを追求する学問である。机の上の勉強だけでは役に立たない。また防衛の基本に民衆の生活の安定があるとすれば、兵学は軍事に限定されず、民生に対する不断の配慮を必要とした。それには日本国内を実地に自分の足で歩き、自分の眼で確かめておく必要があった。

さて今回の九州遊歴は、みずから藩に願い出た私費による旅行であり、ローカルな秀才青年が藩境を越え、異《い》なるものに触れるはじめての機会であった。

平戸藩で要職にある葉山佐内という人物のもとで、兵学の研鑽を深めることが旅の第一の目的ではあったが、同時に、唯一海外に開かれた窓である長崎をこの眼で眺めておきたい、という強い願望もあったにちがいない。いずれ江戸に出て本格的な勉学に邁進する機会は訪れるだろう、そのためにもまず長崎を押さえておく必要があった。

大次郎は馬関《ばかん》（下関）を目指しひたすら足を運んだ。しかし兵学者であり経世家を志す者として、道中のさまざまな事物におのずと眼がそそがれた。触角を張り巡らし、目に触れるもの、耳に聞えるものに心を研ぎ澄まし、それらのすべてが、みずからの感性と思考に引き起こす変化に期待をかけたのである。

のち日記の序文に、「心はもと活《い》きたり、活きたるものには必ず機あり、機なるものは触に従ひて発し、感に遇《あ》ひて動く。発動の機は周遊の益なり」と書いているが、まさしく今回の旅は「機」が発動する絶好のチャンスであった（以下の叙述は基本的にこの『西遊日記』による）。

旅の初日、かれは陽の昇った道の両側に展開する畑の蕎麦《そば》、棉《わた》、牛蒡《ごぼう》、大根の生長を観察し、そのどれもが不作であることに心を悩ませる一方、田んぼの稲の出来がなかなか順調であることに、すこし安堵もした。かれの農業に関する知識は、父親の農作業を見て、また手伝うなかで、自然に身についたものであった。

初日はかなり頑張って夕方までに約五十キロの行程を歩き、現在の美祢《みね》市四郎ヶ原に宿泊した。翌日は前日の無理がたたって足がひどく痛み、馬に乗って旅をつづけた。馬関に着くと、大年寄であり本陣を営む伊藤木工助《もくのすけ》の家に投宿した。

この遊学のきっかけをつくったのは、じつはこの家の主であった。かれは参勤交代で立ち寄る西南諸藩の人物と親しく、とくに平戸の葉山佐内に心服していた。そこで大次郎の兵学教授であった林真人に、大次郎の遊学先として佐内をつよく推したのであった。

関門海峡を渡ればもう九州というその晩、大次郎は発熱した。二日間の心身両面にわたるストレスが原因であっただろう。大次郎はここでまる二日間の足止めを食らうが、往診した医師からその師帆足万里《ほあしばんり》の書物二冊を借り、すぐさま読了した。どんなに体調がわるくとも、本なら読めるというのが、無類の本好きの証しである。しかも読みっぱなしということはなく、かならず重要部分を筆録した。大次郎にとって、読書とはそれだけの作業に値する行為であった。

学問修業

八月二十九日の午前中に、ようやく関門海峡を渡って現在の門司に着いた。体調はまだ思わしくなく、翌日も終日馬に乗った。だが馬上からの目に怠りはなく、たとえば炭鉱地帯の石炭運搬車に注目した。九月二日には城下町佐賀に入り、道を行き来する子どもたちが書物を手挾み、きちんと袴を着けていることに感心した。文武両道の気風を見て取ったのである。

九月五日、長崎の長州藩邸に到着した。ここで知人を訪ね、冤罪で投獄されていた砲術家高島秋帆《しゅうはん》の子息浅五郎の門を叩いた。また伝手《つて》を頼って、砲六門を搭載したオランダ商船に乗艦するなど、得難い体験をした。

この地で萩から同行した従者の新介を国に還した。この旅のかなりくわしい日記である『西遊日記』のなかでも、新介に関する記述はここ一箇所にとどまる。それも、「今朝従者新介を還す、家を出でてより携えて今日に至る」と、じつに素っ気ない。八月の出発の日にも記載はないから、読者はここに来てはじめて、新介の同行を知ることになる。「携えて」という表現もやや気になる。松陰はひとを決して身分で差別したり、軽んじたりする質《たち》ではなかった。よほど語るに足りない人物だったのだろうか。

長崎には一週間滞在し、十二日に出発、十四日に目的地の平戸に到着した。早速、葉山佐内の邸を訪ねると、佐内は藩の寺社奉行という要職にあり、かつ高齢であったにかかわらず、この若者を喜んで迎え入れ、空腹の様子を見て麦飯を供するなど、飾らぬ応対ぶりであった。

すっかり気をよくした大次郎は、陽明学の基本図書である『伝習録』と佐内自身の『辺備摘案《へんびてきあん》』とを借りて宿に帰り、その晩のうちに後者を筆写した。佐内はかつて江戸で佐藤一斎に学んだ、陽明学に明るい儒者であり、兵学にも長《た》けていた。

翌日から大次郎は連日葉山邸を訪れ、蔵書を読んだり、その感想を語ったりして、有意義かつ愉快な時間を過した。佐内は公務をもちながら、いやな顔ひとつせず、この有為の青年に応対する時間を惜しまなかった。小舟に乗って夜釣りに行くことで、操練を怠らない佐内の姿勢にも、大次郎は感銘を受けた。

平戸にはもうひとり大次郎が教えを乞うべき人物がいた。大次郎の家学・山鹿流の宗家、山鹿萬助である。当時山鹿流の宗家は、この平戸と、翌年大次郎が門を叩くことになる江戸のふたつに分かれていた。

平戸藩の家老格である山鹿萬助は、葉山佐内とちがって格式を重んずる人物で、大次郎は入門するために、宿で紋付を借り、葉山から裃《かみしも》を借用した。以後、萬助自身から『武教全書』の講義、門弟たちからそれぞれの順講と、畳みかけるような授業を受けるが、その読みの精密さに脱帽はしたものの、それ以上のインパクトは受けなかった。ただ精緻なだけの完結した学問体系に、大次郎の熱く柔らかな心は揺すぶられなかったのである。

この厳格な萬助も、大次郎が帰るときには式台まで見送るのを習いとした。またひとを訪ねるときには、かならず取次ぎを入れるのがこの地の仕来りであった。これら藩風のちがいに、大次郎はいちいち注目した。

山鹿流の講義にあまり得るところがなかったとはいえ、葉山その他から、萩では目にすることのなかったさまざまな書物を借り受け、猛烈な勢いで読破し、ノートをつくった。一日一冊以上のペースである。陽明学の古典も集中的に研究した。水戸の会沢正志斎《あいざわせいしさい》が著した『新論』の写本も、葉山宅ではじめて目にした。この幕末尊攘運動の聖典は、文政八（一八二五）年に水戸藩主に呈上されたまま、いまだに公刊されていなかった。

海外事情に関する書物をまとめて読むことができたのも、貴重な経験であった。とくに江戸の高名な儒学者・塩谷宕陰《しおのやとういん》がアヘン戦争に関する記事を集めた『阿芙蓉彙聞《あふようい ぶん》』全七冊は、大次郎の危機意識を鮮明にした。また清の魏源がアヘン戦争の経過を記録した『聖武記附録』も精読した。

大次郎はこの九州遊歴の直前の八月二十日に、藩主の前で『武教全書』守城篇を講義した。このとき大次郎は「籠城の大将心定めの事」を論ずるにあたって、ただ訓詁的な解釈を披歴するのではなく、アヘン戦争を例に取って、「外夷《がいい》の辱《はずかし》め」を受けてはならぬこと、国体を失ってはならないことを力説した。この危機意識に、今回の読書が詳細な事実の肉付けをしたのである。

平戸滞在中にも、九月末から二、三日下痢に悩まされたあと、ついに発熱し、十月前半の十日間ほどを病床に伏した。病中の詩には、「病《びょうし》思麻の如く乱れて四馳《しち》し」と、錯乱する心のさまが描かれている。こういう心の不安がつのったためか、大次郎はしばしば夢を見た。夢の内容は、しかし大次郎の心を慰めた。十月二十五日の日記には、父、兄、弟妹たちとともに、宋の儒学者である程子二兄弟の詩を読んだ夢が記されている。

結局平戸には五十日あまり滞在し、十一月六日、船で長崎に向かい、八日に到着した。友人と会う約束がうまく行かず、二十日あまりの日時を費やしたとはいえ、その間、さまざまな知人を訪ねては、砲術から現代漢語までを精力的に学んでいった。ここでも貴重な読書体験を重ねている。十六日には書肆《しょし》で大塩平八郎の『洗心洞箚記《せんしんどうさつき》』を購入し、二十四日に全四冊を読了した。また十八日に高野長英の『夢物語』を知人から借り、翌日に読み終えている。幕府に反逆した者の著作が堂々と販売されていたり、かつてのお尋ね者の書物が自由に読まれていたりするところ、ちょっと意外な気もする。その他、アヘン戦争関連の記事を収録した『鴉片《アヘン》陰憂録』なども借覧した。

十二月一日に長崎を立った大次郎は島原に渡り、島原の乱の跡などを訪い、雲仙岳に登り、九日に熊本に入った。この地で天文暦数師範である池部啓太・弥一郎父子の紹介により、宮部鼎蔵《ていぞう》に出会ったことは、その後の大次郎の人生に大きな意味をもたらした。この章の後半でくわしく触れることになるだろう。

熊本を立つ日の前夜、宮部や池部たちと大次郎は深更に至るまで談論風発した。海防や国体について存分に意見を交換しあったに相違ない。宿への帰路、煌々《こうこう》たる月明かりのなかを清正公廟《せいしょうこうびょう》に詣で、唖者である弟敏三郎の快癒を祈った。その夜のカタルシスが然らしめた心境であったのではないか。

ただし帰国の途に就いた十三日に発熱、翌十四日は、馬に乗ってようやく柳川城下に入った。ここでまた病臥し、日記も十三日から途切れた。駕籠《かご》に乗って柳川を発したのが二十日、佐賀で四日間ほど藩の人士と交流したあと、また馬や駕籠を乗り継ぎ、二十九日の晩にやっと家に帰り着いた。

病に悩まされたとはいえ、大次郎の旅は十か月の予定を大幅に変更し、四か月あまりで帰郷したことになる。折角の旅をなぜそんなにも短縮したのだろうか。そのひとつの鍵となる一通の手紙がある。

「郷人に与《あた》ふる書」と題されて『未焚稿』に収録されている文書だが、実際に投函された手紙の控えであるのか、結局出さずじまいとなった手紙本体であるのか判然としない。とりあえずの宛先は「諸老」と「諸兄」、日付は嘉永三年九月二十五日である。

九月二十五日といえば、旅に出てからまだひと月、山鹿萬助に入門した三日後である。「矩方《のりかた》（松陰の名）頃《このご》ろ長崎に遊び転じて平戸に抵《いた》り、乃ち東武（江戸）の都たるを知りぬ」と書きはじめられる。

そして長崎の人びとの議論が奇を衒《てら》うか、旧態依然たるかのどちらかで、取るに足らぬこと、また平戸で見た本の九割は江戸から取り寄せたもので、長崎からのものは一割にすぎないこと、海外事情に関する本も、その七、八割は清やオランダの情報が長崎を経て江戸に至り、そこで本になっていることを指摘した。

最後に、長州藩において、すぐにも江戸で購入すべき書目として、『阿芙蓉彙聞』、『新論』などの五点を挙げている。

要するに、葉山佐内のような人物に出会えたとはいえ、長崎や平戸にわざわざ長逗留する必要はない、学ぶべきところは江戸だということを、大次郎は旅の早い段階で察知していたのであった。また叔父の玉木文之進が十月五日付で平戸の大次郎に宛てた手紙には、藩主来春出府（参勤交代で江戸に出ること）の折に大次郎を随行させる意向があるようだと記している。この情報も旅程を縮めさせた一因ではないだろうか。

そうと決まればグズグズしていることはない、大次郎は計画を変更し、家路を急いだのであった。

2 「方寸錯乱如何ぞや」――青雲の志の行方

学問の都へ

年が明けて嘉永四（一八五一）年、大次郎は数えで二十二歳になった。予想したとおり、大次郎を藩主の参勤交代のための参府に「御連登《おつれのぼり》」する辞令が、一月二十八日付で藩から交付された。「御連登」とは、藩主に正式に随行する藩士とは別に、その藩士の「冷飯《ひやめし》」（食客）として先乗りする非公式の随行を意味した。

行列は三月五日に出発した。藩の役人である中谷《なかたに》忠兵衛の冷飯となった大次郎は、中谷の子息松三郎（のちの正亮《しょうすけ》）と連れ立って、行列にやや先行して東行の旅をつづけた（夜間は行列とともに宿泊）。

今回も道中の観察は怠らず、安芸《あき》や岡山の人心の荒廃を嘆き、また十八日に湊川《みなとがわ》（現在、神戸市）では、楠正成《くすのきまさしげ》の墓を拝し、水戸二代藩主光圀《みつくに》自筆の「嗚呼《ああ》忠臣楠氏之墓」の刻印および碑文（水戸の亡命儒者・朱舜水の撰）の拓本を贖《あがな》った。またその感激を詩に賦した。

藩境を越えるのは二度目であり、今回は連れもある公務の旅であったため、前回のような緊張もなく、季節にも恵まれて、四月九日に無事江戸に到着、桜田藩邸に入った。ここから三年間を予定する大次郎の江戸遊学がはじまった。

忙しい毎日である。まず邸内の有備館の教授である儒者安積艮斎《あさかごんさい》、ついで山鹿流の宗家である山鹿素水《そすい》、さらに儒学者としても洋学者としても名を馳せた佐久間象山《しょうざん》に、あいついで入門した。儒学者で洋学者の古賀謹一郎のもとにも教えを乞うた。その一方、邸内では同輩たちと各種の勉強会を開いて日々の研鑽を怠らず、また藩主の前で『孫子』の講義もした。

勉強したいことは山ほどある、しかしどこから手を着けたらいいのか、どこにポイントを置けばいいのか、田舎出の大次郎は煩悶した。笈《きゅう》を負って江戸に出た有為の青年特有の心理である。ただし大次郎は都会の眩《まばゆ》い誘惑に引きずり込まれることはなかった。

だが見極めも早かった。郷里の中村道太の手紙を六月二十七日に受け取ると、その返書のなかで、つぎのような真情をぶちまけた。「僕江戸に来りて已《すで》に三月、未だ師とする所あらず。意《おも》へらく、江戸の地には師とすべきの人なしと。何となれば、都下の文人儒師は講を売りて耕に代ふ。復《ま》た士人道に任ずるの志なきは固《もと》より論ぜず」。みんな学者商売だというのである。艮斎も素水も駄目なのか。

「山鹿素水なる者あり。学術なしと雖《いえど》も才性人に過ぎ、能く家学を講究す。艮斎は経学文章卓爾たる大家にして、諄々として人を誘ふ。皆以て吾が学を輔《たす》くべきのみ」。

専門に秀でていることは認める、だから自分の勉強の助けにはなる。でもそれだけだ。根本のところについてはなにも答えてくれない。のちに師と仰ぐ佐久間象山にも、まだこのときいい感触を得ていない。傲岸不遜《ごうがんふそん》な態度に辟易したのだろうか。

自分の「素志」を遂げるにはどうしたらいいのか。おなじ志をもったひとたちと切磋琢磨するしかない。幸いなことに、前年に熊本で肝胆相照《かんたんあいて》らした宮部鼎蔵が、五月に兵学修業のため素水のもとにやってきた。素水の講義とは別に、大次郎は宮部たちと語らって勉強会を組織し、素志の実現に向けて励んだ。

宮部も山鹿流の兵学者で、大次郎より十歳年長の三十二歳、「赭入道《しやにゆうどう》」と号した赤ら顔の偉丈夫で、性格は豪胆そのものであった。二人は海防の実地調査として、江戸湾沿岸の踏査を計画し、六月十三日に江戸を出発した。まず大次郎の母方の伯父にあたる竹院《ちくいん》が主管する鎌倉の瑞泉寺《ずいせんじ》を訪ね、その後三浦半島を横切って、横須賀、観音崎、久里浜、三崎、城ケ島などを陸路と海上から視察し、江戸湾や浦賀水道に面した台場や砲台の様子を見学した。また浦賀から船で房総半島に渡り、洲崎、館山などを踏査し、ふたたび浦賀を経て江戸にもどった。十日間の調査旅行であった。

この旅のなかで二人は、やがてここに侵入するであろうイギリスやアメリカの艦隊を意識し、危機感をつのらせたにちがいない。さらにロシアの脅威にさらされる北辺の守りに緊張した意識はそそがれ、つぎの踏査の計画が立てられていった。

しかし「素志」の輪郭が鮮明になればなるほど、危機の意識が深まれば深まるほど、みずからの学力に対する無力感もつのらざるを得ない。

兄杉梅太郎に宛てた八月十七日付の手紙には、率直な煩悶がつづられている。「是れ迄《まで》学問迚《とて》も何一つ出来候事之れなく、僅かに字を識《し》り候迄に御座候。夫《そ》れ故方寸（心）錯乱如何ぞや」。史学、兵学、経学のそれぞれに必読文献が山積みである。どうしたらいいのか。経学だけに全力投入すれば、なんとかなるかもしれないが、兵学がこれまた大事業で経学の比ではない。

それにとどまらない、「輿地学《よちがく》（地理学）も一骨折れ申すべし」にはじまり、「砲術学」、「西洋兵書類」、「本朝武器制」、「文章」、「諸大名譜牒」、「算術」、「折訟」、「武道」と列挙して、そのいちいちに、「一骨折れ申すべし」という述語を書き添えた。最後にまた、「方寸錯乱如何ぞや」と天を仰ぐ。

巧みなレトリック感覚であり、さらに、「体中の骨何本之れあるかは存ぜず候へども、十本許《ばか》りも折れ候はば、跡はいかをくひ候猫の様に成り申すべくや。是れも一つの懸念」と、ユーモアたっぷりのコメントがつづく。烏賊《いか》を食った猫という比喩はどこから出てきたのか。ほんとうにノイローゼ状態の青年にこんな文章は書けない。自分なりの攻め方が見えはじめていたのである。

この精神生活をささえる食生活はいたって質素で、毎日のおかずは金山寺《きんざんじ》味噌に梅干の類い、特別の日に鰹節が加わるだけであった。何キロもの道を歩いて講義に駆けつけ、退いてはまた猛勉強するための体力が、よくこれだけの食事で賄えたものだと驚かされる。

外食は極力控えた。大事な長州藩の金銭を江戸の浜にまき散らすようなものだと書いている。これはのちに大次郎が外国との通商に反対した論拠にも、つながっていく発想であった。

亡命の決意

さて、六月の相州・房州の巡察から帰った大次郎と宮部の二人は、早速、北辺を踏査する旅を計画した。七月二十三日には、大次郎が出した旅行願に藩から許可が下りた。つまり、国許の兄に向かって「方寸錯乱」を訴えたときには、一方で着々と東北遊歴の準備を進めていたというわけであった。この手紙に先立って、兄には「奥州行」の計画を知らせてあったし、九月には旅行資金の工面を依頼する克明な手紙も出していた。

ここまでは二人の志と計画とのあいだになんのズレもなかった、ところがここにひとつの難題が挿入する。

房州出身の鳥山《とりやま》新三郎という儒者が、鍛冶橋《かじばし》近くに蒼龍軒塾《そうりゆうけんじゆく》という私塾を営んでいた。侠気あふれる鳥山の人柄に血気盛んな各藩の遊学生たちが引き寄せられ、塾はさながら梁山泊《りようざんぱく》の観を呈していた。長州の土屋蕭海《しようかい》・恭平兄弟が嘉永三年からここに寄寓していた関係で、同藩の来原《くりはら》良蔵・中村百合蔵・井上壮太郎といった面々が寄り集まり、大次郎も鼎蔵を伴って訪れるようになった。

江帾《えばた》五郎という男が、やはり鳥山を頼って江戸に出ていた。江帾は元盛岡藩士であったが、学者を目指して、江戸の安積艮斎、大和の森田節斎などに学び、広島の阪井虎山の塾で塾頭を務めた。しかし嘉永二年、郷里の盛岡藩の内紛のなかで、兄の春庵が「奸物」一味に陥れられ、獄死したという報せが届くと、すぐさま復仇の策を練り、嘉永三年秋頃に江戸に下り、安芸《あき》五蔵と変名して機会をうかがっていた。

江帾は虎山塾同門の土屋蕭海を介して大次郎を知り、かれらの東北遊歴の計画を知ると、同行を熱望した。仇の本拠地・盛岡に乗り込もうとしたのか、仇の田鎖《たぐさり》左膳《さぜん》が江戸詰から帰国する途中を待ち伏せしようとしたのか、はっきりしない。いずれにせよ、江帾の意気に感じた二人は快諾し、北方の防備をテーマとした兵学者の旅行計画は、いくつかの変更を迫られることになった。

まず出発日である。当初は翌年の年明けを予定していたけれども、年内の十二月十五日に変更された。この日が赤穂義士の討入りの日であったからである（大次郎たちには、討入りは十五日未明と認識されていた）。大次郎はおそらく慌てて、「過書」（藩士の身分を証明する旅行手形）の交付をもとめた。しかし出発日が迫っても、藩から「過書」は交付されなかった。これがないと他藩で問題が起きたときに、まずい事態に追い込まれかねない。

藩の言い分は、藩主が国許に帰っているから発行できないということであった（たしかに過書には藩主の判が必要であった）。だが七月にすでに旅行の許可が下りているのだから、これくらいの書類は自動的に交付されてもおかしくない。それだけの官僚機構は備わっていたはずである。なにか別の事情が介在していたのではないのか。

玖村《くむら》敏雄（安藤紀一・広瀬豊とともに、松陰全集のための資料蒐集、編纂、校訂にあたった教育学者）は、この事情に関してきわめて説得力ある推測を提出した（『吉田松陰』、一九三六年）。慎重な言葉づかいの玖村の趣旨をありていに言い直せば、つぎのような次第であった。

江帾という男は、性格の感激性も手伝って、いろいろなところでみずからの復仇の計画を喋っていた。それは当然長州藩士の知るところとなり、藩当局は、他藩の面倒事に自藩の有為の青年が巻き込まれることを嫌って、過書を出さないというかたちで大次郎の出発を遅らせようとしたのではないか、というのである。

当時の江戸藩邸の手元役は、大次郎が「冷飯」として随行した中谷忠兵衛であったから、大次郎を思いやった遅延策であったと考えられる。玖村はまた、そのように藩当局を懸念させるに十分な決意が大次郎自身にあったことを、「亡命」（脱藩）後、水戸から家兄に宛てた手紙などを論拠に導き出した。

事実、大次郎側の執拗な食い下がりを受けて、江戸藩邸が問い合わせた萩からの回答は、江戸で交付してかまわないというものであった。ただしこの回答は、大次郎が過書をもたずに出発した二週間後の日付であった。この回答があれば、江戸藩邸も大次郎を押し留めることはできなかったであろう。

ところで、日本という国家の存立をめぐる危機感を抱いて東北を踏査しようという二人の志士が、いくら義挙であったにせよ、一人の敵討《かたきう》ちになぜそこまでコミットしなければならなかったのか。江帾五郎の件だけではない。のちに松陰は萩幽囚中に、登波《とわ》という女性の敵討ちを顕彰するために、異様なほどの精力を割いたこともあった。敵討ちに燃え立つ資質であったことだけはまちがいない。

ついに大次郎は「過書」をもたずに出発することを決意した。のちに松陰はみずからの干支と名前に因んで「二十一回猛士」と号し、生涯に二十一回の「猛」を行なうことを誓ったが、はからずもこの「亡命」がその第一回目となった。

3　東北亡命行――歴史の発見

水戸学に出会う

江帾五郎の「義」に与するために、大次郎はあえて「亡命」の道を選んだ。しかし討入りの日である十二月十五日に、泉岳寺《せんがくじ》の四十七士の墓を拝して出発するという三人の約束を果すことはできなかった。江戸藩邸の眼を眩ますために、前日の十四日の午前中に藩邸の門を出たからである。二人とは水戸で落ち合う新たな約束であった（以下の旅の叙述は基本的に『東北遊日記』による）。

初日だけは藩吏の追跡を心配して回り道をしたけれども、その後はさほど焦ることもなく、悠々とした足取りであった。利根川の広くゆったりとした流れ、見渡すかぎりの田畑のなかに屹立する筑波山の眺めに感動し、山上から関東平野を一望したとき、大次郎は「関東」という土地の大きさを実感したにちがいない。

現在も焼き物で知られる笠間《かさま》の城下町では、わざわざ藩校時習館を訪れ、その慣例に従って『孟子』首章の講義をした。後年の『講孟余話《こうもうよわ》』は冒頭から激しい孟子批判を繰り広げたが、この時はさしたるリアクションを呼ぶ講義ではなかったのではないか。日記には講義の事実だけが記されている。

十九日に水戸に入り、斎藤新太郎（江戸の剣客であり大次郎の兵学門下）から紹介のあった剣客永井政介を訪い、以後、永井父子の好意により、ここに逗留した。予定どおりに江戸を出発した宮部と江幡の二人も、二十四日に水戸に到着、やはり永井宅に落ち着いた。これでようやく三人の役者が揃った。

さて水戸の前藩主斉昭《なりあき》は、海防・内政の両面にわたる忌憚《きたん》のない発言が災いして、弘化元（一八四四）年に幕府から謹慎を命じられ、それが解かれたあとも、長く表舞台に立つことはなかった。藤田東湖《とうこ》をはじめとするブレーンたちもさまざまな処分を受けたために、大次郎もこの時ついに東湖に面会することはできなかった。

しかし水戸は多士済々である。平戸で読んだ『新論』の著者・会沢正志斎はすでに七十一歳の高齢であったが、大次郎が訪れるたびに酒を供し、闊達に応対した。『大日本史』編纂の重鎮・豊田天功は、迫力ある議論で大次郎を圧倒した。江戸でみずからの薄弱な日本史知識に気づいていたとはいえ、この水府でそれをいやというほど思い知らされたのである。

かつて歴史といえば、すべて『史記』をはじめとする中国の歴史であり、ナショナルな意識に富んだ父や叔父が教えた歴史も大差はなかった。日本史のテクスト自体があまり手に入らなかった。

だから大次郎たちの日本史に関する蘊蓄《うんちく》は、頼山陽の『日本外史』などで覚えた知識に限定されていたのである（『日本外史』に古代史の記述はない）。

水戸には光圀以来の大日本史編纂の伝統があり、日本の歴史に対する強い自覚に基づいて、国体や国防が論じられていた。これは大次郎に大きな衝撃をあたえた。翌嘉永五（一八五二）年、亡命の罪により萩で謹慎中の大次郎が江戸の来原良蔵に送った手紙には、その時の事情が率直につづられている。

「客冬（去年の冬）水府に遊ぶや、首《はじ》めて会沢・豊田の諸子に踵《いた》りて、其の語る所を聴き、輙《すなわ》ち嘆じて曰く、『身皇国に生れて、皇国の皇国たる所以を知らざれば、何を以てか天地に立たん』と。帰るや急に六国史《りっこくし》を取りて之れを読む。古《いにしえ》聖天子蛮夷を慴服《しょうふく》するの雄略を観る毎《ごと》に、又嘆じて曰く、『是れ固《まこと》に皇国の皇国たる所以なり』と」。

六国史とは、日本書紀・続日本紀《しょくにほんぎ》・日本後記・続日本後記・文徳実録・三代実録という官選国史の総称である。大次郎は少年時代、当時流布していた『神国由来』（玉田永教《ながのり》著）をテクストに、父や叔父から皇国の皇国たる所以について教えを受けていた。だがそれは簡略な小冊子であり、古事記にも日本書紀にも目を通してはいなかった。ようやく謹慎という閑暇を得て、本格的な勉強に勤しむことができたのである。

ではそもそも水戸学とはどのような学問であったのか。その歴史的な概略と意義について見ておこう。

徳川幕府が武力によって成立した政治権力であることはいうまでもない。武力に長じてさえいれば、ひとまず権力を成立させることはできた。しかし武力だけで権力を持続させることはできない。その権力を正当化する理論がなければ、政治秩序を維持することは不可能であった。

徳川幕府は、そのような理論装置をまず朱子学にもとめた。南宋に発するこの儒学は、天から人民までを包み込む、壮大な形而上学の体系を築き上げ、その体系のなかに、この世の統治の正当性を理論づけた。こうして権力は思想的に安定した位置を得たのである。朱子学は東アジア世界に普遍的な世界像をもたらし、徳川政権においても官学の位置を占めた。

だがこの外来の学問は、当然ながら、日本固有の問題に解決をあたえることはできなかった。天皇の存在である。武家の権力にくらべて、天皇の権力ははるかに古い起源をもち、その後武家勢力に抑え込まれたとはいえ、依然、強い権威を維持していた。

したがって歴代の武家勢力は、朝廷の権力を政治的に無力化しつつ、その権威を理論的にみずからの正統性の根拠にするという、逆説的なイデオロギー工作を行なってきた。豊臣秀吉なども、そのかぎりでの尊王家であった。

水戸学は、儒学の普遍と日本の歴史文化という固有の問題を思想的に調停し体系化した。その根幹は徳川御三家のひとつである水戸徳川家が、二代光圀以来、その史局である彰考館《しょうこうかん》において代々営んできた、『大日本史』という長大な日本史の編纂事業であった。

水戸学は、この編纂事業を踏まえて、朝廷と幕府の関係の理論的な基礎を固めた。すなわち、幕府は朝廷から「征夷大将軍」として統治を委任された存在であるという思想である。幕府は朝廷から統治を委任されたことによって、その統治権力は正統性を有した。

しかし斉昭とそのブレーンである藤田幽谷《ゆうこく》・東湖父子の時代に至って、水戸学は藩制改革ひいては幕政改革、そして海防を主張する革新的な政治思想としてみずからを主張し、尊王攘夷運動の思想的基盤を提供した。

この後期水戸学においても、幕府は朝廷から統治を委任された権力であることに変わりはない。しかし委任された幕府がその責任を果し得ない場合には、統治の権限は当然にも朝廷に返還されねばならない。これが論理的な帰結である。本来の正統性はあくまでも朝廷にあったからだ。つまり理論のかたちはそのままにして、天皇の正統性と幕府の非正統性とを照らし出す思想体系として、水戸学は再解釈されるようになったのであった。

このような論理を用意した後期水戸学は、しかしそれ自体としては尊王敬幕を維持し、徳川斉昭という幕府を牛耳ろうとした実力者の理論的武器でもあったから、のちに活発化する西南雄藩の尊攘運動とは、あきらかに一線を画するものであった（水戸浪士という鬼子を生み出しはしたが）。

だがこのとき長州藩の秀才大次郎は水戸学の思想によって頭から冷水を浴びせかけられ、皇国の皇国たる所以と、海防の根本策とのそれぞれについて、再考をつよく迫られたのである。

江幡と別れる

大次郎の水戸滞在はひと月以上におよんだ。その間に宮部、江幡と三人で光圀ゆかりの西山《せいざん》を訪ね、永井政介の子息芳之助と四人で鹿島、潮来、銚子方面を周遊した。大次郎は水府の知的な空気を十分に吸って英気を養った。

嘉永五（一八五二）年一月二十日、三人は水戸を立った。この日、在国および江戸の「姦党」の巨魁二名が罷免されたと聞き、かれらは水府のためばかりでなく、「天下」のために、永井父子と喜びを分かちあった。

太平洋沿岸を北上した一行は、二十三日、二十八年前の文政七（一八二四）年に、イギリス船が着岸し乗組員が上陸した地点である大津浜を通過した。この事件の折、藤田幽谷の命によって、「英夷」を斬るために駆けつけた剣客こそ、先日まで三人が世話になった永井政介であった。しかし英船は立ち去ったあとで、永井は目的を遂げられなかった。『新論』が成立したのはその翌年のことである。

のちに江帾は、この前夜あたりに宮部と二人で海に面した妓楼に上がったことを回想している（『梧楼日記』）。大次郎はなにも書いていないけれども、相変わらずつきあいの悪い男だと思われたかもしれない。

この二十三日、一行は勿来関跡《なこそのせき》を越えて、はじめて奥州の地を踏んだ。二十五日には白河に到着し、ここで三人は三晩逗留した。江帾との別れを惜しんだためである。江帾との経緯を詳細に記した「東征稿」（『東北遊日記』付録）によると、江帾は二人につぎのように告げた。「吾れ初め先侯を復して以て亡兄の志を成さんと欲せしも、時勢不可なり、独り要撃の策あるのみ。聞く、賊四月を以て国に帰ると。機失ふべからず、請ふ二者と永訣せん」。

お家騒動で地位を失った先の藩主を復権することで、亡くなった兄の志を実現しようと思っていたけれども、どうもそれはむつかしい。仇は四月に江戸から南部に帰るという情報を得た。その道中を待ち伏せして思いを遂げたい。だからここで別れてくれ、というのである。

二人は、敵討ちに加わり生死をともにしたいと訴えたが、江幡は聞き入れなかった。大次郎も宮部も、はじめから助太刀するつもりであった。玖村敏雄が亡命の際の重大な決意と考えたのは、このことであった。

二十八日にようやく白河を立ち、江幡は奥州街道を直進し、大次郎と宮部は左折して会津に向かった。「宮部痛哭し、五蔵五蔵と呼ぶこと数声、余も亦《また》嗚咽して言ふ能はず。五蔵顧みずして去る、注視すること久しく、見ることを得ざるに及んで去る」。「弥八と訣《わか》れし後は、終日茫々として失する所あるが如し」（安芸「五蔵」は江幡の江戸における変名、那珂「弥八」は今回の旅における変名である）。宮部は江幡に十両の金も差し出した。

感激性の三人が永久《とわ》の別れを果した劇的な場面である。宮部はまったく本気であった。しかし江幡にどこまでの決意があったのだろうか。決意というよりはセンチメンタルに陶酔していただけだったのかもしれない。敵討ちを果すことなく、明治まで生き延びた結果を知っている私たちには、前夜、大次郎が江幡のためにつくった詩の一節が気にかかる。

「壮士策定まる遅疑《ちぎ》するを休《や》めよ、勝敗は天の数にして人為に非ず」、「素謀《そぼう》成らずとも大節は明かなり」。やると決めたら、躊躇するなよ。成功も失敗も、天の定めで、人がとやかくできることではない。失敗したところで、大義は明らかではないか。大次郎は江幡を疑ってはいない。しかし一抹の不安を隠せなかったのである。

二十九日、二人は雪の道を踏破して会津若松に到着し、翌月六日まで滞在した。この間、当地の士風をじっくり観察し、服装に付けたしるしで士人の等級を区別することなど、その保守性に注目する一方で、若者に文武の訓練を施す学政がしっかり整えられていることに感心した。また会津藩は幕命により房総の警備を担当していたため、鑄造した大砲を載せた船の演習を近くの湖（猪苗代湖か）で行なっていた。

このとき藩主松平容保《かたもり》は十八歳、松陰没後の文久二（一八六二）年、京都守護職に就き、やがて一藩を犠牲にして薩長軍と闘い、幕藩体制と心中した。

若松を出てからは、また雪の降り積む険阻な道のりを歩いて越《こし》の国に入り、木崎から舟で川を下って、二月十日、ようやく新潟に辿り着いた。この新潟から北海道の松前までは、陸行十数日のところ、船が潮に乗りさえすれば三昼夜で達すると聞き、松前まで直航しようと考えた。

春一番の出航までにはまだ日数があったので、ひとまず佐渡に渡航することに決めた。だがこれも天候不順のため、出雲崎《いずもざき》で十三日間も足止めされた。その間、時間を無駄にしないために街中を探し回り、『北越雪譜』や『常山紀談』などの本にありついた。

二十七日にやっと船が出た。順風に乗ると六時間あまりで小木港に着いた。翌二十八日、承久の乱（一二二一年）に敗れ、佐渡に流された順徳天皇の山陵を拝し、「万乗（天子の位）の尊きを以て孤島の中に幸したまふ。何すれぞ奸賊乃《すなわ》ち此れを為す」と憤った。二十九日には、土地の役人から、四年前にアメリカ船が停泊、上陸したという情報を得た。

三十日、金鉱の役人の案内を得て坑内に入り、採鉱の現場を視察し、また製金の工程を見学した。坑内には四十人ほどの坑夫が昼夜交代で掘りつづけていたが、どんなに強壮な者でも十年ともたないという話であった。

その見返りが日当わずかに四百文、荷揚げ・水汲み人夫に至っては二百から二百五十であると聞き、慨嘆した。また、そうやって製造された金貨が交易によって夷狄の船に持ち去られることが、大次郎には許せなかった。

閏月《じゅんげつ》（この年は二月が二度あった）の二月二日に順徳天皇の行在所《あんざいしょ》を拝し、三日に小木に戻ったが、また風待ちに日を費やし、出雲崎に帰ったのは、十日のことであった。

新潟に戻った二人は松前までの船を待ったが、十八日になって、乗船拒否を告げられた。港内に土砂がたまっているため出航がむつかしい、船乗りたちが武士を載せるのを喜ばないなどといった理由であった。佐渡行を含めれば、三十七日間も足止めを食ったことになる。だがいまさらどうにもならない、陸行を決意した。

北辺の守り

この日の午前中、新潟で世話になった五人のひとたちに見送られて、二人は日本海に沿った街道を北上した。いまの新潟県、山形県、秋田県、青森県と辿る、雪とみぞれの困難な道のりであった。途中、米価をチェックし、租税の制度が土地によって不均衡であることを憂慮し、また災害に備えた備蓄庫の状態などを調べた。農政に対する厳しい眼はつねに光らせていたのである。

出羽《でわ》の国と陸奥《むつ》の国の境に位置する矢立《やたて》峠では、特別の思いに駆られた。ここはかつて文政年間に、津軽藩の振舞いを無礼とした南部藩の脱藩浪人、下斗米《しもと》秀之進《まい》（のち相馬大作）たち数人が、津軽藩主一行を襲撃しようとして、未遂に終わったところであった。この相馬事件は、赤穂義士の再来として江戸の民衆にもてはやされ、読み物や講談に格好の素材を提供した。

大次郎もかつて山鹿素水や江幡五郎から話を聞き、また水戸では藤田東湖による伝記を読んで、相馬に対する共感を深めていた。大次郎は早速、事件の顚末を慨嘆する詩をつくり、相馬の霊に捧げた。

大次郎は単純に忠義の物語として悲憤慷慨したけれども、真相は南部藩と津軽藩との長年の確執が生み出した政治的な事件であった。事件現場を矢立峠としたのも、大次郎の間違いであったとされている。

閏《うるう》二月の末日に弘前に到着し、さらに北上した。三月五日に小泊《こどまり》を出た二人は、日本海に向かって配置された砲台を視察、同日、三厩《みんまや》を経て、津軽海峡を挟んで松前とわずか三里の龍飛《たつぴ》崎《ざき》に至り、この狭い海峡を夷船がしばしば往来しているという事実に切歯扼腕した。

この岬の近くに、「蝦《え》夷《ぞ》人種」を祖先とする村があったが、いまは「平民」と変わりはなかった。大次郎は、「夫《そ》れ夷も亦《また》人のみ、教へて之れを化さば、千島・唐太《からふと》（樺太）も亦以て五村と為すべきなり」と記した。だが「夷人」と取引する商人がかれらを人間扱いしないという話を聞き、大次郎は惜しいと感じた。

これらの記述から、大次郎の侵略主義（後述）の論拠のひとつに数えることも不可能ではない。しかしかれの「夷」に対するヒューマンなまなざしにも注意しておきたい。

このあたりの日記を読んでいて不思議なのは、本来の目的であったはずの松前行きの話が一向に出てこないことである。便船を探ったもののうまく行かなかったのか、行ったところで大した収穫はないと睨んだのか。おそらく前者であろうが、なにも書いてないのはちょっと納得がいかない。

ともあれ二人は三厩湾沿いに歩いて、下北半島に面した平館《たいらだて》に来た。ここは四年前に夷船が停泊、乗組員が上陸した地点であるが、砲台には砲も架されていなかった。この六日の夕方に舟に乗り陸奥湾を南下、翌七日の明け方に青森に到着した。青森は一大湾港であるから、非常の時に備えて軍艦数十隻を配置すべきだと大次郎は考えた。

以後二人は、奥州街道を南下する。途中、砲台を視察したり、熊撃ちのマタギに出会ったりしたが、盛岡藩の悪政には厳しい眼を向けた。

南部は良馬の産地として知られていた。だが民間で育てた二歳馬を藩が安値で買い取り、高値で他に売ることで、利益を藩が独占していた。そのためちっとも民の利益にならない。

あるところでは、良田をつぶして妓楼を立てていた。また大坂の豪商が発行した藩札が流通していたが、それは藩経済がかれらに握られていることを意味した。これらの事例に大次郎はいちいち憤慨した。江幡五郎の兄春庵を憤死させた「奸臣」たちが藩政を牛耳っているという思いが、かれの怒りをつのらせたのかもしれない。

江帾と再会、そして江戸へ

三月十三日には、盛岡郊外に仮住まいする江帾春庵の母、妻、二人の遺児を慰問し、五郎の近況を伝え、春庵の墓に詣でた。大次郎と宮部は慷慨に耐えず、それぞれ詩と和歌をつくり、泉下の霊に捧げた。

十八日、仙台に到着、伊達《だて》藩の藩風を研究するとともに、江帾の動向を探った。江帾も二人を待ち受けて二十日に仙台に出ていたけれども、情報の行き違いがあり、二十二日になってようやく、白石《しろいし》近くの路上で三人は遭遇した。この日は白石に同宿し、お互いの近況を伝えあった。酒を飲んでの談論風発である。

江帾は一月末に白河で別れて以来、湯村・塩竈《しおがま》を経て、石巻に至り、兵書を講ずる私塾を主宰していた。その間、仙台・福島間を探索して賊の消息をうかがっていたところ、ついに賊の江戸出発日をつかんだ。大次郎ら二人からは南部の状況を五郎に伝えた。

江帾は、「吾れ以て死すべし」（もう二人に会えたのだから、死んでも思い残すことはない）と喜び、「明日も又桜かざして遊ばなむ今年ばかりの春と思えば」、と詠んだ。翌日も三人は同行し、戸沢に投宿、浄瑠璃語りを呼んで忠臣蔵の討入りの段を聞いた。翌日の昼にも八段目を語ってもらい、午後二時すぎに別れた。「断然五蔵（五郎の変名）を捨てて去る」、と日記は記している。

別れがたい気持ちを断ち切って出発したということであろうが、あまりにもセンチメンタルな江帾を振り捨てて去ったと解釈しても、間違いではなかろう。前夜祭にナルシスティックに興じているばかりの江帾に、いったい実行の気力はどれほど残っていたのだろうか。

江帾五郎のその後について書いておきたい。前述したように、江帾はついに宿願を遂げることはなかった。機を失いつづけたとも、その度に躊躇したとも言えるだろう。いずれにせよ、仇の田鎖左膳はやがて失脚し病死したのである。

大次郎はその後も、江幡を気にかけた。この年の八月二十七日に、萩で謹慎中の大次郎が宮部鼎蔵に宛てた手紙がある。五郎が惜しくも敵を取り逃がしたという事実に触れ、知人たちが五郎の間抜けぶりを非難していることを報告し、自分も例外ではないと述べた。それでもまだ、かれのためになにかしたいという思いがつづられた。

翌嘉永六年、江戸に再遊学する途上、大次郎改め寅次郎は、大和に江幡の師である森田節斎を訪ね、遺文集の相談をした。むろん本懐を遂げた場合の準備である。

江戸から六月十六日付で熊本の宮部に宛てた書簡では、大略つぎのように述べる。鳥山新三郎から聞いたところによると、江幡はその後、二、三度鳥山を訪問したけれども、いまは鳥山と縁のある下妻《しもづま》で再起を図っている。自分もそこを一度訪ねてみたい。

江幡に対する友情は衰えていないのである。手紙の末尾には、秋に江戸に上る南部侯の行列に仇も加わる予定だという情報を付記した。

それだけではない、この年七月十四日に寅次郎は江幡の詩のために跋文を書いた。「これを小山駅（いまの品川区内）に書す。時に吾楼（五郎）坐に在り、大酔淋漓《りんり》たり」というから、同席していただけでなく、大酒を喰らって大言壮語していたのである。だが寅次郎の筆致にもうひとつ皮肉はない。

安政三（一八五六）年七月、かつて寅次郎や江幡をはじめ、多くの青年たちの面倒を損得抜きで見た鳥山新三郎が病没した。享年三十八であった。寅次郎は萩で幽囚の身ではあったが、建碑を計画し、碑文を江幡に依嘱した。

安政五年正月に海防僧として知られた月性《げっしょう》に宛てた書簡では、「亡友鳥山墓碑高覧に入れ候。是れは例の江幡が作にて貴望には合《かな》ひ申す間布《まじ》く候へども、僕輩交り旧く、交り変ずるを欲せず、又鳥山の事を知る者は此の外之れなきに付き右の如くに候」と、苦しい弁解を入れた。江幡の評判がかなり悪かったことがここからも分かる。それでも寅次郎は江幡を切らなかった。

おなじ五年の二月に森田節斎に宛てた手紙のなかでも、「江幡生は絶えず消息承り候」と記した。ついに業を煮やしたのは、野山獄中から最後の画策に心身を労していた最晩年のことである。安政六（一八五九）年二月十五日付入江杉蔵宛書簡において、この最も信頼する門下生を難じて言った。「足下も佐世（のちの前原一誠）も酒婦人を以て愉快を助くることは必ずやめて呉れ給へ。然らざれば必ず事を損ずるなり。吾れ江幡五郎が事にて深く懲《こ》りて居るなり」。杉蔵も貧しいなか、苦境を紛らわすための遊興にふけっていたのであろうか。

松陰は酒もほとんど飲まず、女性に対しては生涯潔癖を守った人ではあったが、他人の大酒や女遊びについて、非難がましいことは言わなかった。しかし大きな目標を前にしながら、酒色にふけり事を仕損ずることは許せなかった。江幡に対しても、ずっと苦い思いをかみしめていたにちがいない。

やはりこの頃に、「江幡の韻に次して実甫に示す」という詩がある。実甫とは久坂玄瑞《くさかげんずい》である。「死を愛するも亦男子、師を出すには時を待たず。請ふ看よ聖を引く者、一世遂に何をか為さん」。死を男らしく愛せ、出陣にあたっては時機を言うな、ということであろう。

おなじ詩を「諸友に与《あた》ふ」という文章のなかにも引用し（あるいはこちらが初出かもしれない）、松陰の思うように動かない門下生たちに悪罵を投げつけた。「宜しく村塾に課題し、各々吉田矩方（松陰）論一篇を作り、以て罵詈《ばり》を縦《ほしいまま》にすべし、豈《あ》に公等に快《こころよ》からずや」。「次韻」とは詩の応酬に際して用いられる技法であり、相手への敬意に裏付けられたものである。しかしここでは、江幡にあてつけて悪態をついているようにしか見えない。江幡に対しても、門下生に対しても、腹に据えかねる思いを逆説的な形式のなかにぶちまけたのではないか。

ところで、仇が病没したために江幡が機会を失ったことを、松陰はいったいいつごろ知ったのだろうか。あるいはついに知ることはなかったのだろうか。松陰側の資料からはうかがい知ることができない。

江幡は松陰が安政の大獄で刑死したおなじ安政六年に、藩制改革を経た盛岡藩から六十石を給せられ、江幡家を再興した。翌年には藩校の教授となり、博学多識をもって知られた。戊辰戦争では奥羽越列藩同盟の参謀となり、敗北後、明治四年までは獄にあった。その後、文部省に出仕し、小学校国語教科書や『古事類苑』の編纂に従事し、明治十二年に没した。明治期は那珂《なか》通高《みちたか》を名のった。

敵討ちを前宣伝して歩きさえしなければ、別にひとに後ろ指をさされるような人生ではなかった。晩年の松陰が怒ったのは当然として、私たちにかれを非難するいわれはない。江幡五郎という男に本書がここまでこだわったのは、かれの敵討ちが松陰吉田寅次郎という男の不思議さを知るための、ひとつの鍵を提供してくれると考えたからである。

日本という来たるべき国民国家の危機を前にして、吉田大次郎は一人の男の敵討ちに、なぜここまでコミットしなければならなかったのか。もし大次郎が江幡の敵討ちに助勢して命を落としていたならば、みずからの大きな志を中途で失うことになっただろう。いったいなにが大次郎を動かしたのか。

江幡の復仇の志に大次郎は衝き動かされた。武家の古い精神がかれを燃え上がらせたのである。意気に感じ、約束をしたからには、それは貫き通さなければならない。それが松陰の「誠」の倫理であった。その他の計算をしないのが、松陰の生き方であった。ここではそれだけを確認して、大次郎の旅に戻りたい。

江幡と別れた翌二十五日、大次郎たちは米沢《よねざわ》に入り、節倹を徹底した上杉藩の藩制に注目し、蚕・漆などの産業政策が功を奏して、民を利していることを喜んだ。

その後、会津を抜けて、四月一日に日光に入った。東照宮を見て、その造形の美しさに感嘆し、秦の始皇帝の阿房宮《あぼうきゅう》もはるかに及ぶまいと、最大級の賛辞を呈した。玖村敏雄はここに徳川幕府の贅沢さに対する不満を読み取ったけれども、むしろ、まだ反徳川意識のなかったことの証跡ではないだろうか。

さらに今市を経て、例幣使《れいへいし》街道などを南下し、三日に足利学校を見学した。ここからは陸路や利根川・江戸川の水系を辿って、五日の午前中に江戸橋下に到着し、桶町の鳥山新三郎の家に落ち着いた。この旅の最後に詠んだ詩も、江幡に触れている。

「檜山白水且《かいざんはくすいしばら》く説くを休《や》めよ、憂思の胸間を塞ぐに耐えず」。檜山と白水（白河）は、相馬大作と江幡五郎をそれぞれに関連する地名で呼んだ換喩である。またつぎのような一節、「君と徒然にして還る。独り羨む吾蘆子《ごろし》、已《すで》に英雄の間に在らん」。五郎はすでに本懐を遂げて、歴史上の英雄に列せられているのであろうか。

江戸に戻った翌日、藩の役人がやってきて、すぐに藩邸に帰ればまだ居場所はある、と帰藩を説得した。宮部もそれを勧めたので、十日に藩邸に出頭した。

微罪の申し渡しがあり、そのまま江戸に在留できると甘く見込んでいたところ、数日後、帰国の命令が下った。「ここに於て愕然として初めて売られしを覚《さと》りぬ」。逆恨みの気配がないではない。大次郎は藩吏に付き添われて帰国の途に就いた。

武士の責任

九州遊歴においても、今回の東北遊歴においても、大次郎の頭から一度も離れなかったのは、武士としての自覚であった。大次郎にとって、武士とはいったいなんだったのか。

弘化三（一八四六）年十七歳の折、芸州に医学留学する松村文祥（叔父玉木文之進が主宰した松下村塾の学友）を送る文章は、つぎのように説きはじめる。

「夫《そ》れ農工商賈《しょうこ》にして其の業を成さざる者、十にして一二もなし。豈《あ》に彼れ皆才且つ知ならんや。士たる者にして其の道に精《くわ》しからざる者、十に蓋《けだ》し八九あらん。豈に此れ皆不才不知ならんや。蓋し亦《また》故あるのみ。蓋し士たる者は禄を公上に食《は》み、耕さずして粒米以て腹を充たすに足り、織らずして布帛《ふはく》以て身を蔽ふに足る。故に生れては即ち逸し、復た憂勤の心あることなし。是れ其の道に精なる能はざる所以なり。彼の農工商賈は則ち然らず」。

文面はやがて医という仕事の大切さに説き及ぶのであるが、ここで大次郎は、はっきりした目的と手段をもつ農工商の仕事に対比して、武士という仕事の危うさに警告を発している。しっかりした自覚と努力がなければ、武士など穀《ごく》つぶしにすぎない。山鹿素行以来の家業の訓《おし》えであったとしても、この文章の気魄はすでに大次郎の精神と化したことをはっきり示していた。

嘉永四年に江戸から父百合之助に宛てた手紙でも、武士は「殿様より知行をもらひ百姓共に養はれ」ている存在だと指摘し、自覚を促した。また安政四年の『講孟余話』は、十七歳のモチーフを引き継ぎ、つぎのような論理を展開する。

「凡そ人に四等あり、士農工商と云ふ。就中《なかんずく》農工商を国の三宝と称し、各ゝ其の職業ありて、国に於て一も欠くべからず。独り士に至りては三者の如き業あることなし。而して其の職業を思はず、厚禄を費し衣食居の奢《おごり》を窮め、傲然として三者に驕《おご》るは、豈《あ》に畏れ多きことに非ずや」。

だからひとに養われるばかりで、「心を労し人を治むることなくんば、其れ何とか云はん」と、松陰は慨嘆した。士分の責務は統治という政治上の実務にかぎらず、武士としての日常の嗜みにおいてもつねに問われた。無役のときにも武士としての修養に怠りがなければ、「徒喰」（タダ食い）を免れると説いた。

『講孟余話』につづく『武教全書講録』でも、「士たる者は三民の業なくして三民の上に立ち、人君の下に居り、君意を奉じて民の為めに災害禍乱を防ぎ、財成輔《ほ》相《しょう》をなすを以て職とせり。而るに今の士たる者、民の膏血《こうけつ》を朘《しぼ》り、君の俸禄を攘《ぬす》み、此の理を思はざるは、実に天の賊民と云ふべし」と述べ、武士が本分を忘れた場合には、盗賊同然だと極言した。

支配階級というのはただ搾取し、抑圧するだけの存在ではない。その責任を自覚した者は、重い荷を負って、長い坂を登りつづけたのである。対等な者同士なら役割交代も可能だが、武士にとって降りることは責任の放棄にほかならなかった。

このような統治階級の倫理である士道と、敵討ちに血が燃える古いエートスとをふたつながらに背負った松陰は、やがて封建階級を撤廃する一君万民の論理にまで上り詰めていった。そのとき個々人に課せられる倫理はどのように変容するのか。このことの意味は第四章であらためて考えたい。

第二章　敵国密航計画――もうひとつの攘夷

1　必死の密航決意

ふたたび江戸へ

亡命旅行から帰り、江戸藩邸に出頭したのが四月十日であった。十八日に帰国命令が下った。大次郎に思惑違いがあったことは、前の章で述べたとおりである。早速、藩吏に伴われて江戸を出発、帰国の途についた。

寄り道のいっさいない旅であるから、五月十二日に萩に到着した。処分を待つ身として自宅に戻ることは許されず、縁戚の久保家を経て、実家である杉家に落ち着いた。ここで謹慎して、藩府の命令を待った。前述したように、この間、六国史など日本史関連の書籍をむさぼるように読んだ。

待つこと七か月、十二月九日に裁定が下った。他国人への信義を先に立てて、藩法を破って亡命したことは本末転倒であり、不届き至極であるとして、「御家人召放《ごけにんめしはなし》」が言い渡された。つまり吉田家の家禄が剝奪されただけでなく、士籍まで削除されたのである。

父杉百合之助の願い出という形式によって、大次郎の一身は養母ともども、その「育《はぐくみ》」となった。もはや藩士でもなく、禄も支給されず、父親の家の居候《いそうろう》になったわけである。この日をもって、大次郎は名前を松次郎と改めた。

おなじ日、来原《くりはら》良蔵ら四人も、亡命を助けた罪で、「逼塞《ひっそく》」（自宅謹慎）を申し付けられた。

しかし、大次郎を寵愛し、その才能を嘱望していた藩主毛利慶親《よしちか》の特別のはからいがあり、父百合之助に十年間の諸国遊学の願書を提出させた。翌嘉永六（一八五三）年正月十六日、藩府から正式の遊学許可が下りた。十年間というのは長すぎるが、いずれ頃を見て復籍させるつもりだったのであろう。

出発前に、名を松次郎からさらに寅次郎に改称した。そして正月二十六日、萩を発し一路南下した。二月一日、周防《すおう》の富海《とのみ》から便船で瀬戸内海を東航、途中、讃岐の多度津に上陸し、同船者とともに金毘羅《こんぴら》に詣でた。その折、保元の乱に敗れた崇徳《すとく》上皇の陵墓の場所を尋ねたところ、地元の人もほとんど知らなかったことに寅次郎は慨嘆し、一詩を賦した。

二月十日、大坂に上陸した。十三日、大和五条に森田節斎《せっさい》を訪問、その門下である江幡五郎から託された訣別の書を渡すとともに、江幡の遺文集の監修と添削とを依頼した。先に引用した「東征稿」は、その折に江幡との経緯をまとめて節斎に示した文章である。

節斎はさまざまな所用で河内《かわち》・和泉《いずみ》の文人や名家を渡り歩いた。寅次郎もそれに同行して、節斎の話を聞いたり講義を受けたりした。その名講義に魅了されたうえに、本人から勧められたこともあって、一時は漢文学に転じようとさえ思った。

その間に節斎の紹介で、大和八木の谷三山《さんざん》を訪問し、教えを乞うた。三山は耳の聞えぬ老学者であったが、寅次郎は大いに啓発され、のち外弟の久保清太郎にも、江戸からの帰路にぜひ門を叩くよう勧めている。

結局大和周辺に八十日あまり滞在し、伊賀上野に向けて出発したのは、五月五日のことであった。九州や東北を遊歴したときに比して、かなりのんびりした旅である。士籍を剥奪されて緊張感がややほどけていたのであろうか。

五月八日に伊勢に着き、伊勢神宮の外宮《げくう》を参拝、その神官であり国学者である足代権大夫《あじろごんたゆう》を訪い、長時間の談義をした。内宮《ないくう》を参拝したかどうかは明らかでない。参拝しなかったか、また、しても日記に記さなかったのだとすれば、この時点における寅次郎の国学的関心の薄さを物語っている。

津で節斎の友人の斎藤拙堂《せつどう》に面会したあと、中仙道を通って二十四日に江戸に入り、定宿となった鳥山新三郎の家に旅装を解いた。翌日、鎌倉の瑞泉寺に伯父竹院を訪ねた。宮部鼎蔵を伴って訪問してから二年が経っていた。儒学の合理論の立場から仏教をあまり好まない寅次郎ではあったが、この伯父の見識には一目置くようになっていた。

黒船来航

江戸に帰った三日後の六月四日、長州藩邸に立ち寄ったところ、遊学仲間で砲術家の道家《どうけ》龍 助《りゅうすけ》から、米艦隊が前日浦賀に入港したという衝撃的な情報を得た。前の日に再遊の挨拶に行ったばかりの佐久間象山邸に駆けつけると、象山はすでに朝のうちに浦賀に急行していた。寅次郎も夜になってから、居ても立ってもいられずに、品川まで舟行、あとは陸行、舟行を重ねて、ようやく翌五日の夜中に浦賀に到着した。

翌朝、高台から敵艦を観察し、四隻の軍艦のうち、蒸気船は二隻、その装備した砲数は二十門余、残りの二隻はコルベット（小型帆装軍艦）で砲数は二十六門であることを確認した。これに対する台場の砲数のはなはだ少ないことに寅次郎は歯噛みした。この日、藩邸の道家龍助に宛てた手紙には、その切迫した気持ちがほとばしっている。

「此の度の事中々《なかなか》容易に相済み申す間敷《まじ》く、孰《いず》れ交兵に及ぶべきか。併《しか》し船も砲も敵せず、勝算甚だ少なく候。御奉行其の外下曾禰氏（幕臣で砲術家の下曾根金三郎）なども夷人の手に首を渡し候よりは切腹仕るべくとて、頻《しき》りに寺の掃除申付けられ候。佐久間（象山）は慷慨し、事斯《ここ》に及ぶは知れたこと故、先年より船と砲との事やかましく申したるに聞かれず、今は陸戦にて手詰《てづめ》の勝負の外《ほか》手段之れなくとの事なり。何分太平を頼み餘り腹つづみをうちをると事ここに至り、大狼狽の体憐むべし、憐むべし。且つ外夷へ対し面目を失ふの事之れに過ぎず。併し此れにて日本武士一へこしめる機会来り申し候。賀すべきも亦大なり」。

浦賀奉行をはじめとする幕府役人の狼狽ぶりを嘲笑し、師象山の「言ったことではないか」という怒りを伝え、最後に、危機をチャンスととらえた気合十分の寅次郎の決意が述べられる。

この「黒船来航」という出来事は、いまに至る学校教育のなかで、青天の霹靂《へきれき》ともいうべき事件として教えられてきた。「泰平の眠りを覚ます上喜撰《じょうきせん》　たった四杯で夜も眠れず」（上等の緑茶である「上喜撰」を飲んで夜も眠れないという意味に、蒸気船四杯で日本中が夜も寝られない大騒ぎになった、という意味が重ねあわされた）という狂歌がしばしば引用され、私たちの記憶に残っている。

しかし「黒船来航」は、佐久間象山のような大知識人にしか予測できなかった事件であったのだろうか。寅次郎の東北遊歴の足跡を追ってみるだけでも、異国船はさまざまな場所に影を落としていた。日本海や太平洋の沖を航行し、狭い津軽海峡を通過し、常磐、佐渡、陸奥《むつ》湾の沿岸には上陸もしていた。

じじつ幕府は、長期間にわたって、さまざまな海外の情報を入手していた。毎年オランダからの定期船がもたらす海外情報を翻訳して、『和蘭風説書《オランダふうせつがき》』というジャーナルを作成していたし、バタビアのオランダ植民地政庁が発行した『別段風説書』も見ていた。弘化元（一八四四）年には、オランダ国王が幕府に親書を送り、アヘン戦争の詳細を知らせるとともに、世界情勢を考えれば、日本の選択は開国しかないという勧告もしていた。

実際に、十八世紀後半から蝦夷《えぞ》地周辺にロシア船が出没し、小さな衝突を引き起こしていた。弘化三（一八四六）年には、ビッドル率いる二隻のアメリカ艦隊が、中国からの帰途、浦賀に来航し、幕府に通商の意志を確認した。むろん幕府の答えは否であった。幕府は海防を固めるために、嘉永二（一八四九）年、一度は撤廃していた異国船打払令を再交付する意向を示し、各藩に海防の準備を進めるよう指示した。

さらに嘉永五（一八五二）年の六月には、長崎に入港したオランダ船が、来春ペリー率いる米艦隊が来航し、上陸・戦闘の用意もあるという情報をもたらした。老中首座の阿部正弘は、対外関係や沿岸警備を担っていた諸藩に、ひそかにこの情報を伝え、準備させていた（三谷博『ペリー来航』、二〇〇三年）。

それなのにどうして、大騒ぎになったのか。徳富蘇峰《とくとみそほう》はつぎのように断言している。

「人あるいは米艦が浦賀に来ったのは、青天の霹靂であるかのごとく思うている。しかもそれは市井の民衆には、あるいはその通りであったであろうが、幕府の当局者たる阿部などは、百も承知のことであった。梁川星巌《やながわせいがん》が詠じたるごとく、『転海書《てんかいしょ》来りてより已に十年』で、十年以前から、オランダ国王の忠告書は来っている」（『近世日本国民史　開国日本（一）』、一九二八年）。

水戸の徳川斉昭《なりあき》、薩摩の島津斉彬《なりあきら》、幕閣の阿部正弘、あるいは佐久間象山や横井小楠《しょうなん》のような人材を擁しながら、幕府はそれまで、お座なりに台場を築き、砲台を設けたにすぎなかった。それしか方策も財源も見つからなかったからである。だからやがて米欧の艦隊が来航することは予測の範囲内にあったけれども、実際に来たことに、やはり驚愕したのである。

さて、黒船の総帥であるアメリカ東インド艦隊のペリー司令長官は、六月九日、久里浜《くりはま》に上陸し、大統領フィルモアの国書を浦賀奉行に手渡すと、いったん本牧《ほんもく》沖にまで江戸湾を威嚇北上したあと、十三日、来春の再来を予告して退去した。ではペリーの意図はどこにあったのか。もう一度、蘇峰を引用する。

「ペルリ提督は、実に善謀善為の人であった。彼は従来の外人が日本、および日本人に対して、その道を誤りたるを看破し、周到綿密に、その為すべき方法を研究し、而してのち断々乎としてこれを実行した。すなわち彼は日本人が到底相談ずくにては物にならぬことを、先例、もしくは近例によりて熟知した。而して日本人は単に頑冥なるばかりでなく、高慢であり、かつ狡獪《こうかい》であり、少しも油断のできない国民たることを予知し、彼らに対する方便は、何よりもまず威力であることを覰定《しょてい》した」。

「かくのごとく彼は軍艦を率いて、ことさらに浦賀港に闖入し、まず日本政府の荒肝をとりひしぎ、而しておもむろにその後の措置に出でた。彼は決して日本と戦うを好まなかった。されどやむを得ずんば、戦いをも辞しなかった。彼はすごすご軍艦を率いて、何らの獲物もなく、帰航するよりも、むしろひとたびは砲火を交え、いわゆる城下の盟《ちかい》もて、その目的を達せんことを覚悟した。而してその万一の場合に応ずべく、用兵の根拠地として、琉球もしくは小笠原島を占拠すべく、それぞれ準備を整えた」(『近世日本国民史　開国日本(二)』、一九二九年)。

さらに蘇峰は、「その(ペリー艦隊の)目的は平和であったが、その手段は必ずしも平和的ではなかった、要するに平和の目的をば、威力をもって達せんとしたのだ」と要約している(同上)。しかしペリーは大統領フィルモアから砲撃を固く禁じられていた(三谷博、前掲書)。

藩主に建白書呈上

さて久里浜における日米交渉を遠巻きに眺めた寅次郎は、六月十日に江戸に戻った。来春に向けて、いまや学ぶべきは佐久間象山ただひとりと狙いを定め、佐久間塾で西洋兵学の実践的な研究に打ち込んだ。蘭語の学習にも努めたが、これは一朝一夕に身に着くはずもなかった。象山は多忙を極めたため、門下生同士の勉強会を重ねた。

その成果と年来の信念が結晶した文章が、八月に藩主に呈上した「将及私言《しょうきゅうしげん》」であった。藩籍を剝奪された身分の者が藩主に建言するなど、僭越至極であることは十分承知し、処罰覚悟のうえでの提出であった。藩邸の役人が気をまわして、匿名で上覧に供されはしたが、藩主にはだれの文章であるか一目瞭然であったろう。

まず寅次郎は、アメリカが国書のなかで提示した、和友・通商、石炭・食料の購入、南境に一港開港などといった要求は、とうてい受け入れがたいばかりでなく、来春にはかならず一戦に及ぶであろうと事態を予測し、五、六か月しかない時間のなかで藩主を先頭に対策すべき事項を列挙し、簡潔に要点を述べた。

第一が「大義」。「普天の下《もと》王土に非ざるはなく、率海《そつかい》の濱《ひん》王臣に非ざるはなし」。愛読する『孟子』を引用し（『孟子』も『詩経』の引用）、国土はすべて天子の土地であり、人民はすべて天子の臣下である、と宣言する。このテーゼに基づけば、江戸は幕府の土地だから、旗本や譜代・家門の諸藩が防衛すればよいといった考え方は否定され、「天下は天朝の天下にして、乃《すなわ》ち天下の天下なり、幕府の私有に非ず。故に天下の内何《いず》れにても外夷の侮りを受けば、幕府は固より当《まさ》に天下の諸侯を率ゐて天下の恥辱を清《そそ》ぐべく、以て天朝の宸襟《しんきん》を慰め奉るべし」という結論が導き出される。諸侯はもとより、「普天率土の人」つまり全国民がこぞって尽力すべき事態だという主張である。

第二が「聴政」。この非常時にあたり、藩主は側近や重臣の考えを聞くばかりでなく、藩士すべての意見を聴し、「衆議帰一の所」を政策とすべきであると説く。

第三が「納諫《のうかん》」。近来払底した「直諫」という形式を復活させ、藩主は心ある藩士の直接の諫言をしっかり聞かなければならない、とした。

第四が「内臣を飭《いま》しめ、外臣を親しむ」、内政の要務にあたる藩士にかぎらず、食禄の藩士を疎んじないことをいい、第五が「四目を明にし、四聡を達す」、見聞を広めるための方法として、読書と賢人との交わりの重要性を説いた。

つづく「砲銃」、「船艦」、「馬法」では、西洋流のすぐれた兵制、軍備、戦術を取り入れることが喫緊の課題であることを力説する。日本という国土と国体とを守るためには、敵方の軍事技術を摂取することに、なんの躊躇も見られない。また雄藩が協力して事に当たる必要が説かれた。

最終九番目が「至誠」、冒頭の「大義」と呼応した配置である。歴史上の聖人・賢人の教えの基本はなにかといえば、「誠」の一字に尽きる。『中庸』では、この誠という概念は三つの意義に集約されている。つまり、「実」、「一」、「久」である。

「実」とは実行であり、実際に思念し、実際に行なうことである。つまり防衛の課題を直ちに実践に移さなければならないということである。「一」とは専一であり、余計なことはせずに、軍備・練兵にひたすら努力すること。「久」とは継続であり、軍備は始めてもやりつづけなければ実効性はないということであった。

この九項目にわたって述べた要点を踏まえて、最後に藩主がとるべき基本戦略を建言する。すなわち、有志の諸侯の先頭に立って、外夷を掃蕩するのが上計。力を蓄えておき、諸侯が形勢不利となったときに、殿《しんがり》を務めて奮闘するのが中計。先陣にも殿にもならずに、ただ負け戦をして再起を期すというのが下計であった。

この建白のうち、軍事に関する部分の多くは、象山をはじめとした先学の考えをまとめたものであり、寅次郎の独創ではないと言われている。しかし多くの知識人が、ただ攘夷を叫ぶか、現状を追認するかしたなかで、ひたすら実践に向けて献策したところに、寅次郎ならではのオリジナリティがあった。

匿名で供される前の建言書には、「杉百合之助育《はぐくみ》 吉田寅次郎」と署名されていた。お咎めを受け、「御家人召放」となった「育」身分の者が、藩主に建言するなど僭越極まりない、と少なからざる藩士が憤慨した。その不届き千万な「出すぎもの」が藩主に寵愛されているとなれば、やっかみが加算されて、寅次郎は非難囂々《ごうごう》の状態となり、藩邸は出入り禁止となった。

しかし寅次郎はまったく懲りずに、「急務条議」以下、計三本の続篇ともいうべき建言書を矢継ぎ早に呈上した。俗吏（ふつうのひとたち）の毀誉褒貶《きよほうへん》など眼中になかった。いまなにをなすべきか、これだけが寅次郎のテーマであった。のち安政元年に「二十一回猛士」と号した際に、この建白を「用猛」の第二回目に数えた（一回目は東北亡命行）。

なお長州藩はこの年十一月から三浦半島南西岸一帯の警備を幕府に命じられ、砲台を設置し、人員を配した。

露艦密航計画

寅次郎は元長州藩士として、僭越は百も承知で、処罰覚悟の建言を行なった。それが採用されるかどうかは、藩主次第である。ともかく藩邸における寅次郎の評判は散々であった。では寅次郎本人はこれからなにをなすべきか。主戦論を唱えたのだから、来春の一戦で討ち死にしてもおかしくはなかった。

しかし寅次郎はまったく別の道を選択した。師象山が関係する。象山は幕府がオランダから軍艦を購入するという情報を聞き、ひとつのプランを考え出した。ただ購入するだけでは策がないから、俊才数十名をオランダまでの船に同乗させ、購入した艦船で帰還させる、その往復の間に、操船の実際、外国の事情を学習させる、という計画であった。実際に友人の幕府勘定《かんじょう》奉行・川路聖謨《かわじとしあきら》にこの案を伝え、派遣候補生の一人として寅次郎の名を挙げた。

しかしこのプランは幕府にとっては時期尚早であった。そこで象山はつぎの秘策を考えた。この頃、万次郎という土佐の漂流民が、アメリカで教育を受けたあと、帰国して幕臣（通訳）に取り立てられるという、異例の人事があった。象山はここにヒントを得て、「漂流」という方便を考えついたのである。

万次郎のように「漂流」して外国船に救助され、外国で教育を受けて帰国する。海外事情を実地に学ぶという、いまもっとも必要とされることが、国禁を破らずに合法的に実現するという秘策であった。むろん「漂流」は、帰国後に幕府に対して使う名目にすぎない。

ここでも寅次郎が漂流候補生として選ばれた。折よく七月十八日に、プチャーチン率いるロシア艦隊四隻が長崎に入港し、国書を呈上し、和親通商をもとめた。

九月十三日に寅次郎は鎌倉の竹院を訪ね、意中を相談し、心の構えを固めた。竹院は金三両を貸しあたえた。長崎に旅立つ十八日、象山は旅費として金四両をあたえ、「吉田義卿《ぎけい》を送る」という送別の詩を贈った。

「環海何ぞ茫々たる、五州自から隣を為す。周流形勢を究めよ、一見は百聞に超ゆ」という、師弟に響きあう気宇壮大な措辞であった。

寅次郎は鳥山新三郎と熊本藩士の永鳥三平に見送られて江戸を立ち、東海道を経て、大坂からは海路を豊後に渡り、熊本を通って、十月二十七日に長崎に着いた。しかし露艦はすでに四日前に出航していた（十二月五日にふたたび来航するが、寅次郎の知る由もなかった）。

間に合ったところで、プチャーチンは翌年のペリーと同様の理由で、おそらく乗船を断ったであろう。青年の意気に感じたとしても、大事な交渉のさなかに面倒なことはご免であったはずだ。寅次郎はともかく、老獪な象山がどうしてそれを読めなかったのか。わずかの確率に賭けたのだろうか。

またペリーの米艦も十日で退去したというのに（アメリカの国内事情があったとはいえ）、どうして露艦は長く停泊すると見込んでいたのだろうか。寅次郎は長崎までに四十日の日数を費やしたが、その間、かなり寄り道もした。自分のこれからを何度も心中で検討し、あるひとには直接、またあるひとには遠まわしに打診していたのかもしれない。道中、二人の重要人物に面会した。

京都では、おそらく象山の紹介状をもって、梁川星巌《やながわせいがん》の門を叩いた。星巌は全国にその名を知られた尊王詩人であり、公家とのコネクションも緊密であった。今回の事件で孝明天皇の宸襟《しんきん》の休まらぬことを、星巌から聞かされた。寅次郎の抽象的な天皇像に具象的な厚みが加えられた。寅次郎は御所を拝して感涙にむせんだ。

熊本では、宮部鼎蔵の家に数日滞在し、宮部が師事する横井小楠《しょうなん》と親しく議論する機会を得た。外国に渡航しようとする寅次郎にとって、象山と並ぶ海外通である小楠の話を直接聞くことができたことは、大きな意義があったにちがいない。

大事を前にして寅次郎が面談した梁川星巌と横井小楠という二人の名前は、じつに象徴的な組み合わせであった。星巌は寅次郎の尊王原理主義的な側面を象徴し、小楠はいずれ西洋列強と対等の関係で「開国」するという、寅次郎の雄略的な側面を象徴していた。このふたつの面が裏表になって、寅次郎のナショナリズムは成立することになるからである。

ロシア艦隊に去られた寅次郎は他の「漂流」手段を試みずに、結局、江戸に戻ることにした。熊本を経由して、十一月十三日にひとまず萩の実家に落ち着いた。

杉家は松陰が生まれた松本村団子岩《だんごいわ》から五年前に同村清《し》水口《みずぐち》に移り、さらにこの年、近くの小《こ》新《しん》道《みち》に転居していた。一週間後に熊本の宮部鼎蔵と同志の野口直之允が到着、両藩の連携を模索した。

十一月二十四日頃に、三人は萩を立ち、今回も富海から乗船して東上した。船中で宮部と寅次郎は、会沢正志斎の『新論』を数回にわたって会読した。この書物がかれらにとってもすでに聖典になっていた。

京都ではふたたび梁川星巌、元小浜藩士で国事周旋中の梅田《うめだ》雲浜《うんぴん》、上京していた森田節斎、水戸藩京都留《る》守《す》居《い》役《やく》の鵜飼《うがい》吉左衛門《きちざえもん》などを訪問、初対面の雲浜は人物にあまり感服せず、春にあれほど入れ込んだ節斎とも時務問題で意見が合わなかった。

黒船以前と以後とでは、寅次郎の心に期するものがちがっていたのである。さらに伊勢に足代権大夫を再訪し、中仙道を経て、暮の二十七日に江戸に戻った。

2　下田踏海

日米和親条約締結

寅次郎は先に江戸に戻っていた宮部鼎蔵とともに、翌嘉永七（一八五四）年正月七日相模に出発、沿岸警備の実態を視察した。帰って間もない十四日に、早くもペリーは六隻（のち七隻となる）の艦隊を率いて江戸湾に侵入し、やがて神奈川（いまの横浜市神奈川区）に停泊した。

寅次郎は宮部や野口直之允とともに、「墨使」（ペリーのこと）を斬って攘夷の志を遂げようとも考えたが、逆効果しかないことを覚り、自重した。それぐらいかれらの怒りは沸騰していたのである。

また前回に懲りず、寅次郎は「海戦策」という上書を藩主に奉った。ペリー艦隊を撃退するためのわずかな可能性を探った、かれなりの戦術案である。第一は、夜陰に乗じて小舟で近づき、敵艦を砲撃し、さらに艦側をよじ登って刀で切りまくるという方法。第二は、枯草と油を積んだ船に火薬で点火して、一艦ずつ包囲するという方法。ともに海戦である。これで撃退できない場合、敵は上陸してくるであろう、そのときには、海岸から奥まった、地の利のよい地点で迎え撃つという、陸戦の戦法である。

なんだか蒙古襲来の時代とあまり変わらない戦法ではあるが、寅次郎にとって、ともかく戦いまくるということ自体が大切であった。しかも尊攘志士はいうまでもなく、諸藩や京都朝廷のなかにも、主戦論を唱える人は少なくなかった。

だが幕府の側に戦う意思はまったくなく、昨年受け取った国書をめぐる数次の交渉を経たのち、三月三日に日米和親条約が調印された。下田と箱館（函館）の二港が新たに開港され、薪水《しんすい》・食料・石炭などの補給、領事の駐留など、実務的なことが規定された。

しかし国交と通商には触れなかった。つまり条約の骨子は、米船のために港を開くということであった。冷静な判断であったが、事なかれの措置でもあった。

またこの条約に規定されていないことを第三国に認めた場合には、無条件でアメリカにも許可するという片務的な「最恵国待遇」の条項が含まれていた。ただしこの条項の不平等性に日本側が気づいたのは、明治政府になってからのことであった（佐々木克『幕末史』、二〇一四年）。

すでに前年、幕府は国書和訳の写しを各大名・旗本に配布し、意見をもとめていた。その回答の多くと今回の調印内容とのあいだに、大きな開きはなかった。劣弱な軍事力によって戦端を開くことなく、おおむね妥当なところに落ち着かせたのであった。

戦う機会を失った寅次郎は、いま一度、海外へ密航する新たな計画を練りはじめた。「航海の事は素《もと》より去年来の決する所にて、此の程時勢を見計り、しばし踏み留まるは仮《か》りの事なり、もし墨夷《ぼくい》を膺懲《ようちょう》するの挙あらば、固《もと》より一死国に報ずべく、又事遂に平穏ならば、海に入りて探報をなすべしと思詰《おもいつ》めしこと故」と、『回顧録』（安政二年）に記している。

つまり、戦うなら一死国に報じて戦い抜く、そうでなければ再度の踏海《とうかい》を試みる（「踏海」とは危険を冒して海を渡ること。「下田踏海」という熟したかたちで使われてきたので、本書でも踏襲する）。決意はきわめて明快であった。

条約が調印された三月三日、寅次郎はそのニュースをまだ知る由もなく、鳥山塾の仲間に梅田雲浜を加えた総勢十数人で、墨堤の花見に出かけた。花のお江戸の桜を眺めるのもこれが最後かと感傷に沈む一方、太平を謳歌する人びとに違和感を覚えた。

四日は江戸藩邸に父や叔父と親交のあった秋良《あきら》敦之助（萩藩の重臣である浦家の家老）を訪ね、渡海のための藩からの借金を依頼した。ついで当時藩邸に出役していた兄梅太郎に、鎌倉の伯父のもとで独学修業すると偽りの挨拶をし、以後九年間（十年の江戸遊学期間の残りの年数）は天下国家を言わず、読書に励み、諸国を遊歴して、他年報国の基礎にするという誓約書を書いた。

なぜ寅次郎は兄に偽りの誓約をしたのだろうか。家族に累を及ぼさぬための配慮だとしばしば解説されてきたが、はたしてそうだろうか。友人ならば危険に陥れてもかまわない、と寅次郎が考えたはずはない。

梅太郎は、寅次郎とおなじ生真面目で実直な性格であったが、藩や家にかかる迷惑をつねに先回りして考える心配性であり、また冒険心に富む弟の身の上をいつも案じていた。寅次郎がほんとうのことを言えば、兄は引き止めるにちがいなかった。兄の性格を知り抜いていた寅次郎は、心配をかけないために偽りを言ったのである。

午後に藩邸を再訪すると、朝には金作を承諾した秋良が、渡航のために出す金はないと言を翻した。みずから考えなおしたのか、他からの忠告があったのか、わからない。

出発当日の五日、江戸在の主要な友人八人と京橋の酒楼「伊勢本《いせもと》」に繰り出し、寅次郎から踏海の計画を打ち明け、かれらの意見をもとめた。永鳥三平がまず賛成し、次第にほかの友人たちも同調したなかで、宮部鼎蔵だけは「奇計」だと主張して反対しつづけた。

しかし「成敗」は問わない、失敗してさらし首になろうとも、後続を奮起させればよい、という寅次郎の決意に最後は打たれて、同意した。

その晩、一緒に踏海する金子重之助《しげのすけ》と寅次郎の二人は、鳥山宅で旅装を整えた。鳥山は『唐詩選《とうしせん》掌故《しょうこ》』二冊を餞別《せんべつ》に贈った。佐々淳次郎（熊本藩士で宮部の弟子）は金五両と着ていた羽織を脱いで渡した。永鳥三平は輿地図《よちず》（世界地図）一軸を贈った。宮部鼎蔵はみずからの佩刀《はいとう》を脱して、寅次郎の佩刀と交換した。また「神鏡」一面を贈り、「皇神《すめかみ》の真《まこと》の道を畏《かしこ》みて思ひつつ行け思ひつつ行け」と口ずさんだ。

寅次郎は別れの挨拶に象山宅を訪ねたが、象山は横浜の松代藩営に出張中で不在であった。その後、赤羽橋で鳥山、宮部、永鳥、金子と落ちあう約束のところ、宮部は道をまちがえて、ついに会えなかった。この後、二人のあいだに文通はつづけられたが、ついに再会する機会のないまま、寅次郎は安政六（一八五九）年に刑死し、宮部も元治元（一八六四）年に池田屋事件で新選組に襲われ自刃した。寅次郎最愛の友人であった。

踏海失敗

三月五日の晩、寅次郎と金子重之助《しげのすけ》は、東海道をひたすら歩き、明け方に保土ヶ谷《ほどがや》の宿に到着し、一泊した。

ここで取り急ぎ金子重之助のプロフィールを書いておきたい。重之助は寅次郎より一歳年下の天保二（一八三一）年生まれ、萩の染物屋の息子であったが、足軽金子家の養子となり、寅次郎の友人である白井小助に学んだ。

出府した白井が鳥山塾に入ると、重之助も同塾に寄寓し、長崎から戻った寅次郎に師事した。和親条約が調印されると、寅次郎に再度の踏海を促し、みずからも同行を熱望した。すでに藩籍を離脱、渋木松太郎と名を変えていた。三日の花見には参加したが、五日の宴席には、足軽身分のためか、同席しなかった。

さてここからは、伝記や歴史小説において、また映像作品でも、さんざん描かれてきた場面である。しかしそこでつくられたイメージは、寅次郎のモチーフとかけ離れていることも少なくない。むしろ本書では、経緯は簡略にスケッチしたうえで、踏海の意味を考えることに重点を置きたい（本章第3節）。

保土ヶ谷の宿で起床すると、寅次郎は「投夷書《とういしょ》」を作成した。米艦に乗り込むに際して、乗組員に手渡すための文書である。

その後横浜を偵察して歩いていると、たまたま象山の下僕の銀蔵に出会ったので、象山の宿舎を訪ね、夷船に近づく相談をした。

しかし象山のプランは実現せず、また雇った漁船で米艦に乗り込む寅次郎の算段も、最後に船頭が接舷を拒んだため、未遂に終わった。盗んだ船で漕ぎ寄せる策など、その他の手段もすべてうまく行かなかった。そうこうするうちに、米艦隊は開港予定地であり、伊豆半島の先端に位置する下田に移動することになった。

三月十四日、拠点にした保土ヶ谷の宿を出た二人は、鎌倉瑞泉寺に伯父竹院を訪ねた。大事の前にはかならずこの伯父に面会し、心の準備を整えた。大まかな踏海計画も打ち明けた。その後、藤沢、小田原、熱海、伊東を通り、伊豆半島東岸の海岸線に落ちかかる急斜面の道をたどって、十八日の午後に、下田に到着した。すでに米艦二隻が停泊していた。

二人はここに宿泊し、また疥癬《かいせん》（皮膚病の一種）に悩まされていた寅次郎は、療養のため蓮台寺温泉にも宿を取り、二箇所を行き来しながら、乗艦する機会をうかがった。夜間の偵察に宿を出る際に、もうひとつの宿に行くといえば、格好の口実になった。

三月二十一日、アメリカに帰還した一隻を除いて、旗艦ポーハタン号をはじめとする米艦六隻すべてが下田湾内に集結した。つぎの晩、重之助と同宿した佐倉藩士が酒席の場で開国通商を主張したため、二人は激論になった。翌日蓮台寺から帰り話を聞いた寅次郎は、この藩士の人柄を知っていたので、もう少し人物を総合的に見るように重之助をたしなめた。

二十五日には、盗んだ船を漕いでポーハタン号を目指したが、荒波に阻まれ、挫折した。二十七日になってようやく、柿崎海岸に上陸した乗組員スポルディングに「投夷書」を手渡すことができた。計画の第一段階をなんとかクリアしたことになる。

この日の深夜、柿崎海岸から、昼間のうちに目をつけておいた漁船に乗り込み、米艦を目指した。しかし盗難予防のためか、船の櫓杭《ろぐい》が外してあったので、櫓がうまく固定されず、まず褌《ふんどし》で、ついで帯で縛って、必死に漕ぎつづけた。

最初に辿り着いたミシシッピー号では、旗艦に行けと指示された。ようやく旗艦ポーハタン号に漕ぎつけると、接舷を拒否されたので、仕方なく船に刀や荷物を残したまま、二人は舷梯《げんてい》に取りついた。

艦上で応対したのはウィリアムズという名の漢語の通訳官で、日本語にも通じていた。「投夷書」はすでにかれの手許にあり、ペリー提督もその存在を把握していた。署名の「瓜中万二《かのうちまんじ》」と「市木公太」とが、この二人であることもすぐに確認された。

二人はアメリカに踏海し、世界の文明を学びたいという意志を繰り返し訴え、その熱意はウィリアムズにも伝わった。しかし搭乗については、拒絶の姿勢を貫いた。和親条約に調印したばかりのアメリカにとって、相手国の国禁を破る行為に手を貸すことは、外交上のルール違反であり、不利益以外のなにものでもなかった。

他の説もある。アメリカが日本の国法を守るかどうかを試すために、幕府が派遣した密偵ではないかと二人を疑ったという説、寅次郎の疥癬を忌避したという説などあるが、どれも取るに足らない。ペリー提督の基本姿勢は、条約に背く行為には与しないということ、つまり武力を背景にしながらも、あくまで合法的に国益を計ることであった。

むしろ不思議なのは、寅次郎のような明断な頭脳が、どうしてそれに気づかなかったのかということである。長崎の露艦を目指したときは、まだ五里霧中であったかもしれない。しかし今回は、条約は締結され、その内容も知られていた。それでも、みずからの「誠」に賭けたのであろうか。

さて接舷できなかった二人の漁船は、「投夷書」の草稿や長崎行に際して象山が贈った詩稿などの証拠書類を残したまま、行方不明になった。発見されれば、国禁を犯した廉《かど》で死罪になると、寅次郎は懸命にウィリアムズに訴えた。だがウィリアムズの決断はみじんも揺るがなかった。

「その祈願は、断固として、しかし、丁重に拒否された。長い話し合いがつづいて行なわれ、その間中、二人は自分たちに有利になりうるあらゆる議論を力説し、アメリカ人の人情に訴え続けた。今や、ボートが降ろされた。送り返されることに、いささか穏かな抵抗をした後で、二人は運命を嘆きながら、悲しそうに舷門を降りていった」（ホークス編著『ペリー日本遠征記』、町田晃訳）。

ウィリアムズは二人を送り返すボートの乗組員に、かれらの漁船を探すように指示したが、ボートは無情にも岸に直行した。踏海の計画は完全なる失敗に終わった。

二人は海岸を歩いて漁船の行方をもとめたが、無駄であった。翌朝、名主の家に漁船の探索を頼んだところ、船は証拠書類ともども、すでに幕吏に押収済みであることを知らされた。二人はやむなく自首した。下田番所で取り調べを受けたあと、長命寺という寺に数日拘留され、さらに獄舎に移送された。

寅次郎は、重之助とともに押し込められた狭い獄室のなかから、「皇国の皇国たる所以、人倫の人倫たる所以、夷狄の悪《にく》むべき所以」を、日夜声高らかに演説した。番にあたった獄卒は寅次郎の志に心打たれた。

江戸から派遣された八丁堀同心の指揮のもと、二人の罪人は唐丸籠《とうまるかご》（罪人護送用の竹編み籠）で江戸に護送された。四月十一日に下田を立ち、四月十五日に伝馬町の北町奉行所の仮牢に入った。

道中幕吏の態度は権高《けんだか》ではあったが、対応はたいへん親切だった。寅次郎は、宿舎で寝ずの番をする番人に語りかけ、「大道を説き聞かすること下田の獄に在る時の如くにして、更に快なり」と、意気軒昂そのものであった。

三島では番人のなかに三、四人の被差別部落民がいた。「皆年少気力ある者、余が話を聞きて大いに憤励の色あり、去るに臨みて甚だ恋々たり」。東国の被差別民は撃剣を学び、剣客や「大盗」と関係するものもあって、その気風には見るべきものがあると、寅次郎はのちに特記した（『回顧録』、安政二年。なお被差別民に対して、寅次郎は当時一般の差別語である「穢多《えた》」と表現したが、全集では戦前の版も戦後の版も、伏字表記された）。

判決下る

北町奉行所では、到着したその日から奉行・井戸対馬守《いどつしまのかみ》による取り調べがはじまった。

連座して伝馬町の獄に繋がれた佐久間象山に対しては、取り調べがすでに進行中であった。象山は証拠が示す事実関係はあっさり認めたけれども、海外偵察の必要性と、「漂流」ならば国禁に抵触しないという論理を展開して、奉行とのあいだに火花を散らした。

寅次郎は身ひとつで揚屋《あがりや》（未決囚の牢）に収容され、牢名主から仕来りどおりの厳しい入牢儀式を受けた。だが白井小助、宮部鼎蔵など友人たちによる手厚い差し入れが功を奏して、またたく間に牢内の出世の階段を駆け上り、やがて名主《なぬし》に次ぐ地位を獲得した。国禁を破って海外渡航に挑んだ風雲児という牢内における人気も、大いに関係したようである。

北方探検家の松浦武四《たけし》郎《ろう》が日記にその評判を記している。「寅次郎は牢の中にて皆々尊敬せられ日々月代《さかやき》をそり牢名主よりさまざまの喰物等相與《あた》へ候由又廻りの役人もさまざまと皆寅次郎を愛し候評判実によろしく相成候」（閏七月八日）。

取り調べにおいては、二人の犯罪行為が象山の教唆によるのではないかということが争点になった。これに対し寅次郎は、「吾れ豈《あ》に人の指引《さしひき》を受けて大事をなす者ならんや」と、プライドをもって反駁し、国禁は百も承知のうえで、国に報ずる志で行なったことだから、失敗したからには首を刎ねられるのも覚悟だ、と潔く陳述した。

寅次郎は士分として板縁の上で取り調べを受けたが、金子重之助は白州《しらす》の上に座らされた。収容されたのも初めは無宿牢ついで百姓牢であり、差入れもほとんどなく、過酷な牢内生活を強いられた。寅次郎の友人や門下生も、重之助にはあまり気を使わなかった。

そのため寅次郎は、義弟（妹寿《ひさ》の夫）の小田村伊之助が送った二両のうち半分の一両を重之助にあたえた。これを知った友人の土屋蕭海《しょうかい》は、小田村には内緒にしておけと手紙に書いた。寅次郎は憤慨した。

「又渋木（金子重之助）が事は小田村兄へ申さざる様、蕭海申し遣はし候。此の儀拙生甚だ不満に御座候。重之介（助）事身分微賤に候へども、身を捨て国恩に報じ度くと志気凛然たる事、士君子にも恥ぢざるものに候へば、同志中へ申合せ其の難を救ひ遣はし候こそ朋友の道にも相叶ひ申すべきに、かく取計らひ候事亦何の心ぞや」（八月二日付小倉健作宛）。

寅次郎には、封建社会の身分意識を越えた、ほとんど体質と化したヒューマンな意識があった。また「身を捨て国恩に報ずる」という基準に照らして人物を評価する基軸が出来あがっていた。この両者がたがいに原因となり結果となって、寅次郎の新たな人間観が形成されていたのである。

重之助は衰弱し、やがて重体となった。腸結核の症状であった。寅次郎はなんとかして自分の揚屋に移したいと考え、牢役人への賄賂のために二十五文ほどの銭を友人に無心もした（九月三日付土屋蕭海宛）。しかし気をもむのは寅次郎ひとりだったのかもしれない。

九月十八日に判決が下った。両名を萩藩に引渡し、寅次郎は兄梅太郎のもとで、重之助は萩藩の家臣のもとで、それぞれ蟄居《ちっきょ》を命ずるという、きわめて寛大な処分であった。

「これはおそらく三月三日の日米和親条約の締結、すなわち開国という国際環境の変化を視野に入れたものであろう」と松陰研究家の海原徹は述べているが、まさしくそのとおりであろう（『江戸の旅人　吉田松陰』、二〇〇三年）。またペリーの側からも幕府に対して寛大な処置をもとめる申し入れがあった。

さらに何年か待てば、幕府や藩からの正式の留学生として、海外に雄飛することも可能であった。むろん寅次郎は待てない、かれはたんに向学心に富む留学希望者ではなかったからである。このことはつぎの第3節であらためて考えたい。

最初は主犯格と疑われた師の象山も、寅次郎同様、松代に蟄居を命じられた。鳥山新三郎は重之助を入塾させた罪で「押込《おしこめ》」（自宅謹慎）、象山の知人で浦賀奉行組同心の吉村一郎は寅次郎らに便宜を図るよう鯛屋三郎兵衛に紹介した罪で「押込」、三郎兵衛は便宜を図ろうとした罪で「手鎖《てぐさり》」を、それぞれ申付けられた。

金子重之助の苦難

寅次郎と重之助の二人の身柄は萩藩に引き渡され、麻布の藩邸に収容された。九月二十三日に、それぞれの囚人籠は萩に向けて藩邸を出発した。しかし檻送途上の取り扱いは、それまでの幕府の待遇に比して、冷酷きわまるものであった。

「豊氏（藩役人の豊田又右衛門）は大愚漢のみ。其の寅等を護送する、無状特に甚だし、曾て視るに犬馬を以てすらせず。寅が性は遇《あ》ふ所に安んじ、且つ自ら謂《おも》へらく、横逆の至り、皆天吾が心腸を磨くのみと。ここを以て少しも之れを辞色に発せず。但《た》だ渋生は寅と頗《すこぶ》る別にして又篤疾に罹《かか》る、故に憤懣骨髄に徹す」。もっとも元凶はこの豊田ではなく、上司の武弘太兵衛だと寅次郎は指摘している（「野山獄来翰節略」、安政二年）。

寅次郎は幼時から修養を積んでいたが、重之助は修養も浅く、生来短気で直情径行であった。さらに判決の折には立ち上がれないほどの重篤であった。道中過酷なあつかいを受けつづける重之助に、気持ちの余裕などあろうはずはない。下痢を繰り返し、汚物にまみれた重之助を護送役人はほとんど放置し、着物のひどく汚れた部分を切り取って廃棄するだけであった。

藩支給の新しい着物があるはずという寅次郎の再三にわたる申し入れにも、役人は耳を貸さなかった。萩入りに際して着せるものだというのである。怒り心頭に発した寅次郎は、ついに自分の綿入れを脱いで、重之助に着せるよう役人に投げ渡し、根負けした役人がやっと新衣を出したという一幕もあった。

寅次郎にすれば、重之助は一命を賭して国難に立ち向かった無二の同志であった。人間扱いしない護送役人の態度は、腹に据えかねた。だが役人にしてみれば、藩に迷惑をかけた足軽身分の犯罪者にすぎなかった。

寅次郎の弁舌は、下田の獄で、江戸檻送の道中で、そして伝馬町の獄で、また取り調べの場において、幕吏や獄卒、囚人たちを感奮させた。しかし今回の役人たちにはそれも通じなかったようである。

ただし重之助が檻送途上に病没でもすれば、あきらかに役人の失点である。武弘太兵衛による「吉田寅次郎・金子重之助護送日記」を見れば、定期的に医師の診察を入れ、それなりの治療を施している。しかし役人に形式的な落ち度がなかったとしても、そのやりかたの非人間性が寅次郎には許せず、批判を繰り返したのであった。

十月二十四日に二人の籠は萩に到着した。幕府の判決は、両者を在所で蟄居させるという内容であったが、藩当局は下獄させる意思を固めていた。寅次郎は父百合之助の「借牢」願いという形式によって、野山獄に収容された。「借牢」というのは家族や親族から願い出て、わざわざ牢に入れてもらうという制度であり、費用も出願者が負担する仕来りであった。

重之助は卒分（足軽・中間）以下を収容する岩倉獄に繋がれた。道中のあいだには言葉を交わす機会があったけれども、いまや別々の牢獄に繋がれたために、寅次郎には重之助の容体を離れた場所から気遣うことしかできなかった。

ついに翌安政二（一八五五）年一月十一日に重之助は亡くなった。寅次郎が知ったのは翌々日のことであった。追悼するつぎのような文章がある（「金子重輔行状」、安政二年）。

「安政乙卯《いつぼう》正月十一日、金子重輔《しげのすけ》病んで獄中に死す。友人吉田矩方《のりかた》已《すで》に哭して之れを慟《どう》す。乃《すなわ》ち略《ほ》ぼ其の行を状して曰ふ」と書きはじめられた一文は、その略歴に触れたあと、かれが寅次郎に師事した頃の思い出につづく。

「初め重輔首《しゅ》として学を為すの方を問ふ。余曰く、『地を離れて人なく、人を離れて事なし、故に人事を論ぜんと欲せば、先づ地理を観よ』と。重輔之れを然りとす。是《ここ》に至りて益々地誌を読み、旬日にして其の要領を得《う》。其の坤輿《こんよ》の大勢を歴指すること頗《すこぶ》る聴くべきなり」。

寅次郎の実学的傾向を如実に示すエピソードであるが、師の教えに従い世界地理を書物で集中的に学んだ重之助は、みずからの足で異国の地に立ち、双眼で見つめる機会を得られぬまま、この世を去った。

「嗚呼《ああ》、重輔の如き者、成る所なくして死す。苟《いやし》くも大手筆《だいしゅひつ》を得て之れを伝ふるに非ずんば、亦何を以てか其の霊魂を慰めて、友生の心に慊《あきた》らしめんや」。

寅次郎は象山や宮部鼎蔵などの師友、野山獄の同囚、あるいは重之助と面識もなかった尊王僧・黙霖（後述）などにも語らい、鎮魂詩歌集『冤魂慰草《えんこんいそう》』を編纂し、重之助の霊に手向けた。また寅次郎が食事を節約して積んだ百疋をもとに、墓石の両脇に「寄附吉田氏」と刻した花台二基が立てられた。

寅次郎は晩年にも、「渋木生は吾れより少《わか》きこと一歳、学問長ずるなく、吾れを視て師友と為す。然れども其の一種勇往果敢の気、勃々《ぼつぼつ》として人に逼《せま》る、又事を共にして罪を同じうし、相愛すること最も深し」(「三亡友を祭る文の序」、安政六年)と回想し、親愛の気持ちを文章に残した。

「かくすればかくなるものと知りながら已《や》むに已まれぬ大和魂」というよく知られた歌は、寅次郎が下田から江戸に檻送される途上、高輪泉岳寺《たかなわせんがくじ》の前を通りすぎたときに、そこに葬られた四十七士の霊に手向けられたものである。

寅次郎の行動はすべて、こうすればこうなるということを自覚したうえで、それでもやむにやまれずになされたものであった。寅次郎に悔いはない。しかし重之助はどうだったのか。

どこの国のどの時代の革命においても、指導者の指示ひとつで、非業の死を遂げた多くの無名の戦士があった。革命とはそういうものだと思いきることができるのが、指導者の資質でもあった。

しかし寅次郎は「誠」をもとめていた。重之助にとって、それが最後の救いであった。

3　なんのための踏海だったのか

「投夷書」を検討する

ここからは寅次郎の踏海の意味を集中的に考えていきたい。まず「投夷書」の中味の問題である。寅次郎が保土ヶ谷の宿で書き、上陸した米乗組員に下田の海岸で手渡し、ポーハタン号の船上で通訳官のウィリアムズの手にあった「投夷書」には、いったいなにが書かれていたのだろうか。

もちろん「投夷書」というのは草稿あるいは控えに書かれたタイトルであり、執筆者は「夷」という言葉が敵対語であることを十分に心得ている。したがって本文中に「夷」の文字はいっさい使われない。

さて文書はつぎのような自己紹介の文章からはじまる（原文は漢文）。「日本国江戸府の書生瓜中《かのうち》萬二・市木公太、書を貴大臣各将官の執事に呈す。生等賦《ふ》稟《ひん》薄弱、躯《く》幹《かん》矮小、固より自ら士籍に列するを恥づ」。

偽名はいいとして、なんで自分たちは生まれつき性格が薄弱で、体も矮小、士分であるのが恥ずかしいほどだ、などと卑下しなければならなかったのか。

つづく文章も、じつに冴えない。武術にも長ぜず、ただ時間を無駄にして過ごしていたところ、「支那」の書を読むに及んで、ヨーロッパとアメリカ（米《メ》利《リ》幹《ケン》）の文化を知った。そこで「五大洲」を周遊してみたいと思った。しかしわが国では海外渡航が禁止されており、長年うずうずしていた。「幸にして今貴国の大軍艦檣《しょう》を連ねて来り、吾が湾口に泊し、日たる已に久し」。

そこで貴大臣各将官の「仁厚愛物」の精神によって、自分たちをひそかに海外へ脱出させてもらえないだろうか。これは足なえが走る人を見たり、走る人が馬に乗る人を見たりするのとおなじ心境である。自分たちはどう頑張っても、「東西三十度、南北二十五度」（日本のこと）の外に出るわけにはいかないのだ。

もしこの企てが漏れたときには、自分たちはまちがいなく首を刎《は》ねられる。しかし何年かして帰国したときには、もう過去を追及されることはないだろう。だからぜひ拒まないでいただきたい。

追伸では、明日の晩、柿崎海岸で待っているから、船で迎えに来てほしい、と懇願までしている。もちろん迎えの船は来ず、かれら自身が必死に櫓を漕いで辿り着いたことは、前述のとおりである。

これが攘夷を実行するために、米艦隊と戦端を開くべきだと主張した、あるいは一度はペリーを斬ろうともした、おなじ人間の文章なのであろうか。ともかく搭乗させてもらうためには、なりふりかまってはいられなかったようである。

また船上でのウィリアムズとの会話においても、アメリカに行ってなにをするつもりかと聞かれて、「学問をする」と即座に答えている（「三月二十七夜の記」、安政元年）。

当然ながら、米艦隊側の印象は悪くなかった。ペリーの監修で後年編纂された『ペリー日本遠征記』（ホークス編著）においても、二人は国禁を犯してまで、米欧の文明を学ぼうとした向学心あふれる真摯な日本青年として描かれている。

「この事件は、厳しい国法を犯し、知識をふやすために生命まで賭そうとした二人の教養ある日本人の激しい知識欲を示すものとして、興味深いことであった。日本人は確かに探究好きな国民で、道徳的・知的能力を増大させる機会は、これを進んで迎えたものである。この不幸な二人の行動は、同国人に特有のものだと信じられる。また、日本人の激しい好奇心をこれほどよく示すものは他にはあり得ない」（町田晃訳）。

この青年像は『宝島』のスティーヴンソンによる「吉田寅次郎」にまで引きつがれた（松陰晩年の門下生であり、維新後英国に留学した正木退蔵から聞いた話をもとに描いたものではあるが）。

この印象はけっして間違いではない。かれらの一面を鮮明に表現しているからである。しかしかれらは西洋文明や、蒸気船をはじめとするその成果にあこがれて密航しようとしたわけではない。むろん宗教や文化に魅了されたのでもない。

踏海に失敗して萩で謹慎となった寅次郎は、つぎのような意味深長なコメントを残している。

「余が米利幹《メリケン》に往かんと欲する、吾が師象山余に謂ふ、此の任深く忠義の志を蓄へ国の恩義を知る者に非ざれば、必ず大害を生ずるに至る、足下誠に其の任に当れりと」（『講孟余話』、安政三年）。

象山はよく知っていたのだ、圧倒的に優位にある文明に触れたとき、人はふつう魅了され拝跪するものだということを。象山がオランダ派遣候補生として川路聖謨に寅次郎を推薦したのも、利発だとか、浪人身分で身軽だとか、そんな理由だけではなかった。密航となればなおさらである、国恩に報ずる志こそが問題であったのだ。

そういう見識をもった象山であったのに、ただ通商・公武合体を主張したというだけの理由で、元治元（一八六四）年、狂信的な攘夷派に暗殺された。

ほんとうの踏海理由――『幽囚録』

では国恩を知る寅次郎の渡航の真の目的はなんであったのか。間諜《かんちょう》、つまり敵情偵察である。「間」の重要性は、孫子の時代から説かれてきた。兵学者である寅次郎はそれを熟知し、門下生に講じてもきた。

すこしあとのことになるが、安政四年の講読をまとめた『孫子評註』（安政五年）では、「用間（間の用法）」篇のまとめとして、「蓋《けだ》し孫子の本意は彼れを知り己れを知るに在り」、「彼れを知るの秘訣は用間に在り、一間用ひられて万情見《あらわ》れ、七計立つ」と述べている。敵を知るためには、間諜をたくみに用いることが必要であった。素行を講読した『武教全書講章』（嘉永四年）にも同様のことが書かれていた。

しかし極秘情報を盗み出すといったスパイ行為（ほとんどのスパイの目的はこれである）であるならともかく、文明を強大ならしめた動因や一国の政治経済や軍事の長期戦略を探るとなると、スパイと留学生とのあいだにはっきりした区別は引きにくい。「投夷書」の卑屈とも見えた態度は、留学生の謙虚さでもあったかもしれない。

そのためにはどのくらいのスパイ=留学期間が必要とされたのか。長崎から露艦に乗り込もうとしたときは、三年を予定していた。だが留学予定の三年間は幽囚の三年間になってしまった。「海外行三年には事を成して帰るべしと象山に約せし事もありしに、最早三年幽囚、何事をかなす、是れ一層の感なり」、とのちに述懐した（安政三年九月十八日付久保清太郎宛）。

ところで下田踏海からここに至る経緯は、安政二（一八五五）年の『回顧録』に記されている。しかしこの書物に先立って、萩の野山獄に収監されてすぐに執筆を開始した、もう一冊の書物があった。『幽囚録』（安政元年）である。前者は事実関係を時間軸に沿って記した書物であるが、後者は踏海の動機とその思想的な根拠を明らかにするために書かれたものであった。

この書物はもともと佐久間象山の勧めによって書きはじめられた。寅次郎が安政元年九月、江戸伝馬町の獄を離れるに際して、象山は言った。「今吾が徒（寅次郎のこと）、謀敗れて法に坐し、復《ま》た為すべきものなし。然れども航海は今日の要務、一日も緩《ゆる》うすべからざるものなり、汝盍《なん》ぞ力《つと》めて之れが書を著はし、本謀の然る所以《ゆえん》を明かにせざる」。寅次郎はこれを「先生の命」として受け取った。

この書物では、黒船来航はつぎのように描き出される。「嘉永癸丑《きちゆう》六月、合衆国の船四隻浦賀に来り、国書を幕府に呈し切に要求する所あり、大要亦通信通市（和親通商）の二事に在り。故事（古くからの仕来りでは）、長崎を除くの外、夷船の来泊を許さず。浦賀奉行諭すに国法を以てせしに、夷の曰く、『我れ吾が国の命を奉ずるを知るのみ、何ぞ日本の国法を知らんや』と、倨傲益々甚し。執政（老中阿部正弘）、過激変を生ぜんことを慮《おもんぱか》り、奉行に命じて仮に其の書を受けしむ」。「投夷書」とおなじ書き手とは思えぬ筆致である。

この緊急事態に「黙然坐視」しているわけにいかなかった寅次郎は、最終的に渡海に踏み切った。その動機は「間」である。「軍の間を用ふるは、猶ほ人の耳目あるがごとし」。「強者、間を用ひざれば、宜しく趨《おもむ》くべき所を知らず、弱者、間を用ひざれば、宜しく避くべき所を知らず。今、人あり。己の聾瞽《ろうこ》（聾唖）なるを憂へずして人の視聴を恐れなば、人将《は》た之れを何とか謂はん」。

間の必要性は兵学者として長年講じてきたけれども、今回は自身が間として海を渡ろうと決心したのであった。しかしこのスパイは、攘夷を目的に、ただ襲い来る敵を知るためにのみ、海を渡ろうとしていたのではなかった。

国を固く閉ざして、ただ夷狄を攘《はら》うといった消極的な攘夷が、この国の本来の姿ではなかった。『幽囚録』はまずこのことを強調する。この書物の冒頭はつぎのような文章で始まっていた。

「国朝の変、蓋《けだ》し三あり。古昔は臣たらざる所あれば、海の内外を問はず、東征西伐し、必ず強《きよう》梗《こう》（なかなか屈服しない強敵）を鋤《のぞ》きて止む、其の勢極めて盛んなり」。蒙古襲来のときにも、迎え撃って殲滅した。それにくらべていまはどうだろう。

「今は則ち膝を屈し首を低《た》れ、夷の為す所に任《まか》す。国の衰へたる、古より未だ曾て有らざるなり」。しかし衰えたものは、かならず復活する。「況《いわん》や皇国は四方に君臨し、天日の嗣の永く天壌と極りなきもの、安《いず》んぞ一たび衰へて復た盛んならざることあらんや」。皇統は天地とともに永遠である。

ほとんど信仰に近い確信であった。この確信はとどまるところを知らない。「古昔　神聖常に雄略を存し、三韓（百済・新羅・高句麗）を駆使し、蝦夷を開墾したまふ、固より四夷を包括し八荒を併呑したまふの志あり」。

「雄略」は寅次郎が国際関係を論じる際のキーワードであるが、雄大なはかりごとといった一般的な意味にとどまらず、肯定的なニュアンスを込めた侵出を意味した。

寅次郎はつづける。軍艦と大砲が備わったときには、蝦夷を開墾して諸侯を封じ、カムチャッカやオロッコを奪い、琉球を諸藩なみに参勤させ、かつては我が国に「臣属」していた朝鮮をもう一度朝貢させよう。さらに満州の地を割譲し、南は台湾・ルソンの諸島を攻め、「進取の勢」を示そうではないか。古代には日本の「英図雄略」が世界に轟いていたのである。

何か所かの叙述をまとめると、右のような主張になる。『幽囚録』に先立つ「急務策一則」（嘉永六年）でも、「皇朝」は古代から武威を基礎にして「四夷百蛮」を従わせてきた、「国体」とはそういうものであった、と宣言していた。

これらの主張は、晩年まで何度も繰り返された。ただし武力か通商かという力点が変わってくる。第五章の最初の節で、改めてまとめて検討することにしたい。

寅次郎の「攘夷」は、たんに国を閉ざして守るといった攘夷でなく、積極的な雄略意志がその基礎にあることがはっきりした。では通商に関してはどのように考えていたのだろうか。

おなじく『幽囚録』のなかにつぎのような一節がある。「通信通市は古より之れあり、固より国の秕政《ひせい》（悪政）に非ず。但《た》だ当今の勢、力《つと》めて其の説を破らざるを得ざるものあり。古の国を建つる者は徒《ただ》に退いて守ることを為すのみならず、又進んで攻むるあり」。例証として神功皇后の「征韓」などを挙げている。

つまり通商に進んで打って出るのはよいが、押し付けられた通商は駄目だということであった。これは象山の教えであった。「此の所吾が師象山甚だ活眼あり。大意吾が国より人を開くは妙、左候へば通信通市も心の儘《まま》なり。人に開かれ涙出でて呉に妻《めあわ》す分にて迚《とて》も国は持ちこたへ得ざるとなり。僕其の説に服す」（安政五年正月十九日付月性宛）。

したがって現状では、交易とは要らぬ贅沢品を輸入して、必要な物資を輸出することだという考えに落ち着かざるを得ない。

「熟熟《つらつら》考ふるに防長（周防と長門）に生ずる衣食は防長人衣食し、日本に生ずる衣食は日本人衣食す、初めより不用の品の外国へ棄つべきなし。御当代になりても諸国より多く互市《ごし》（交易）に来れども、外国無用の物を得て我が国有用の宝を失はんは不便なる事故皆禁絶に相成り、唐紅毛も船額銀額等を追々に減ぜられ候事どもなり。然るに近比《ちかごろ》又如何なる故にや、華盛頓《ワシントン》・英吉利《イギリス》・露西亜《ロシア》等の互市を免許に相成りたる趣、後年必ず吾が国の財用欠乏に至るべし」（安政元年十二月十二日付兄梅太郎宛）。

西洋列強に対等に伍し、積極的な交易ができるようになるためには、西洋式の軍備を整える必要があった。寅次郎は黒船来航以降、「洋夷と戦ふの陣法、弟《てい》に定論御座候。（中略）孰《いず》れの道、大砲小銃西洋法ならでは迚《とて》も勝て申さず」（嘉永六年八月十五日付兄梅太郎宛）と、洋式武装をはっきり主張した。

『幽囚録』でも、「兵学校」を設置し、軍事訓練だけでなく、「方言科」（外国語科）でオランダ語・ロシア語・米英語を学習することを提案している。この開明的な姿勢は、しかし西洋の真似とは意識されず、海外に雄飛した古代の事績によって正当化された。『幽囚録』の末尾には、歴代天皇の雄略の事績が列挙されている。

第三章　幽室の教育者──「だれでも聖人になれる」

1　獄舎の青年教師

明るい幽閉者

寅次郎と重之助に対する幕府の判決は、「在所《ざいしょ》に於て蟄居《ちっきょ》申付く」であった。だが藩府は幕府の眼を過剰に配慮して、寅次郎を士分のための野山獄に、重之助を卒分以下の者を収容する岩倉獄に押し込めた。ここまでは前章で述べたとおりである。

野山獄に収監された寅次郎は、兄梅太郎と頻繁に手紙のやりとりをした。差入れに梅太郎が訪れても、会話はできなかったからである。手紙のなかで、梅太郎は弟の行動を懸命に理解しようとした。だがこの保守的な兄には納得できない点があった。たとえば「禁を犯して海を航する」こと。梅太郎にとっては、国法を破る承服しがたい犯罪行為であった。

これに対し寅次郎は、「禁は是れ徳川一世の事、近時の事は将《まさ》に三千年の皇国に関係せんとす、何ぞ之れを顧みるに暇《いとま》あらんや」と、兄の文面の行間に書き入れて、返答した（安政元年十二月五日付、兄と往復）。

寅次郎は、幕藩体制の枠組みを越えて、皇国の本来に立ち戻るというかたちにおいて、来るべき国民国家を展望していた。生真面目な藩吏である梅太郎には、それが理解できなかったようである。

この手紙のなかに、もうひとつ気になるところがある。国禁を犯して間諜に出るよりは、学問に精励して、会沢正志斎の『新論』、古賀侗庵《とうあん》の『海防憶測』（後述）、斎藤拙堂の『士道要論』のような人心を鼓舞する著作をしたらどうかという兄の勧めに対して、「紙上の空言、書生の誇る所、烈士の恥づる所」と、書き入れている箇所である。

一時の筆の滑りではあるが、そこまで寅次郎は行動本意の気持に偏っていたのであろう。会沢を見限ったわけでないのは、その後獄内で『迪彝篇《てきいへん》』などを読み、『新論』は出獄後の村塾のテクストとして何度も読んでいることが証明している。

さて、野山獄は向かい合わせの南北二棟、各棟それぞれに独房が六室ずつ横一列に並んでいた。寅次郎が収監されたときは、すでに十一人が収容されていたから、これで満室になった勘定である。同囚十一人のうち男が十人、女一人。最年長が七十六歳で在獄四十九年、その他も多くは数年以上の在獄者であった。

入獄してわかったのは、寅次郎だけが「借牢」という変則的な入牢であったのではなく、先入りのなんと十一人のうち九人までが親戚からの「借牢願出」による者だったことである（うち四人は寅次郎とおなじく藩から指示されて願い出ていた）。その者がいると迷惑だとか、親族の結束が崩れるとかいった理由で、親戚たちが共謀して一個の独立した人間を合法的に牢屋に閉じ込めていたのである。

いまの我々から見れば人権無視もはなはだしいが、この後獄内改革を推し進めることになる寅次郎の眼にも、あまり不当とは映らなかったようである。

借牢の場合、裁判もないから判決もなく、したがって在獄期間も不定である。事情が変わらないかぎり、結果的に無期になるのであろう。もともと世間から見放されたうえに、出牢の見込みもなく、暗い獄室に閉じ込められれば、だれでも絶望の底に沈みこまざるを得ない。差入れも来ない。法を犯した入獄者よりも、絶望の度合いは深かったかもしれない。

そこに意気軒昂な青年が入獄した。最年少である。この青年には兄の梅太郎や叔父の玉木文之進が頻繁に差入れに訪れる。怨嗟の的になっても不思議はない。青年の方でも、独房であるのをいいことに、このひねくれ者たちとは一切付き合わず、読書や書きものに専念してもかまわなかった。江戸伝馬町の揚屋《あがりや》とはちがう処し方が可能だったはずである。

じじつ寅次郎は象山の「命」である『幽囚録』の執筆にすぐに取り掛かったし、差入れてもらった書物を一日一冊以上のペースで読み進めもした。

その一方で、獄内の食糧調達の係やその他のこまごまとした仕事をじつにまめにこなした。それだけではない、同囚たちに現今の日本の問題を諄々と説きあかし、かれらの質問に懇切に答えた。下田の獄や江戸檻送の折に行なったことを、この獄舎でも自然に実践したのである。それらの対話をまとめた『獄舎問答』（安政二年）という著作も出来上がった。

俳句が得意な囚人が二人いたので、寅次郎が呼び掛けて句会も開いた。岩倉獄の金子重之助が病死した際には、前述したように同囚にも寄稿をもとめ、追悼の詩歌集『冤魂慰草《えんこんいそう》』にまとめた。

これらの会合は、各人が自分の獄房にいたままで、すなわち声を交わしあうだけでなされるのがふつうであったが、のちには司獄の福川犀之助《さいのすけ》の配慮により、おそらく孟子講読の折などには、寅次郎の房にメンバーが参集することもあった。

規則で房内に入ることのできない福川やその弟の高橋藤之進《ふじのしん》は、房の外から寅次郎の話を門下生のようにして拝聴した。寅次郎の感化は同囚から司獄にまでおよんでいたのである。獄舎を「福堂」に化そうという寅次郎の計画は、着々と実現しつつあった。

入獄して一週間ほどの嘉永七（一八五四）年十一月二日に成った「二十一回猛士の説」という小文がある。獄内の夢に神人《しんじん》が現われ、「二十一回猛士」と書いた紙きれをくれた。寅次郎はこの二十一という数字の意味を探り、杉の字を分解すると十と三と八になるから二十一、吉田も十一と十で二十一、それに残ったふたつの口を重ねると回になると解釈した。

少年雑誌のパズル並みのこじつけであるが、寅次郎は惰弱な自分を天が励まして、生涯に二十一回の猛を行なえと啓示したのだと受け取った。寅次郎の計算では、これまでに三回の猛をなした。一回目は東北亡命行、二回目は「将及私言」を浪人の身で藩主に上呈したとき、三回目が今回の下田踏海であった。となればあと十八回の猛が残されている。

ふつうひとはこれらに類する冒険を生涯一回もすることなく世を去る。ところが寅次郎はこれから先十八回もの「用猛」を目指した。手紙でそれを知らされた兄梅太郎が、あと十八回もあると思うとたまらないと返事したのは、まったくもっともであった。

この夢以来、寅次郎は時によって「二十一回猛士」という別号を用いた。これに先立つ嘉永五年の末ごろから、「松陰」という号を使っていた。生誕地の松本村、および厳寒にも生気を失わぬ松の緑の節操に因んだ号であった。後者のメタファーは一般に流通していたから、特別の号ではなかった。寅次郎も面識のあった後藤松陰という名の大坂の儒者もいた。

これまで本書は、第一章では大次郎、第二章では寅次郎と主人公を呼んできた。その時々の名前で呼ぶことで、進行形の人格や思想として、主人公を語りたいと思ったからである。

入獄するまで、日本列島をかなり短期間のうちに歩きまわり、いろいろな人と交流した寅次郎の人生は、これ以降刑死するまでのあいだ、行動の自由をまったく奪われ、牢獄か幽室か護送の籠のなかだけが、寅次郎に許された空間であった。

晩年の肖像画に描かれたように、静かに座り、思索し、門下生と対話し、執筆する寅次郎の内面の劇、そしてその思想が人を興起するはたらき、これだけが寅次郎の「行動」であった。だが諸国諸人を奔りまわっていたときにも増して、この行動の意味するものは大きかった。

通称はこの後も亡くなるまで寅次郎ではあるが、これまでの生涯と区別して、ここからの主人公は、「松陰」という一般に知られた号によって呼ぶことにしたい。

逆境の孟子講義

獄中の松陰は意気に燃えていたとはいえ、客観的な先の展望があったわけではない。かれもまた同囚とともに、この先長い時間を三畳の獄室で過さなければならなかったのである。それでも松陰にはやるべきことがあった。いかなる状況に置かれても、人としてなさなければならないことがあった。

松陰の獄内の活動は留まることを知らなかった。句会などお互いのコミュニケーションを目的とした会合から、より思想的な意味を帯びた勉強会へと発展していったのである。そして松陰の愛読書である『孟子』を講義する機会がやってきた。最初の講義は安政二（一八五五）年四月十二日のことであり、六月十日に全巻の講義をひととおり終了した。すぐに十三日からは、輪講という形式でより精細な講読を開始し、十一月二十四日に万章上篇まで読んで中断した。

藩府が病気保養という名目で松陰の身柄を杉家に移し、そこで謹慎することを許したからである。この措置には、藩内にかぎらず、東北遊歴の折に松陰が教えを受けた水戸の豊田天功のはたらきかけなどもあった。こうして松陰は十二月十五日に出獄した。

しかし『孟子』講読の中断を惜しんだ父百合之助、兄梅太郎、外叔《がいしゆく》久保五郎左衛門の勧めによって、十二月二十四日には講読が再開された。場所は杉家の客室である。当初はかれら年長の三人、のちに従弟の玉木彦介、親戚の高洲瀧之允、隣家の佐々木梅三郎などの青年たちが加わった。翌安政三年六月十三日に終了し、日々の講義録は『講孟劄記《こうもうさつき》』としてまとめられた（のちに『講孟余話』と改題した）。

講義のモチーフがこの書物のなかに語られている。「俗情を以て論ずる時は、今已《すで》に囚奴と成る、復《ま》た人界に接し天日を拝するの望みあることなし、講学切劘《せつび》して成就する所ありと雖《いえど》も何の功效かあらんと云々。是れ所謂《いわゆる》利の説なり。仁義の説に至りては然らず。人心の固有する所、事理の当然なる所、一として為さざる所なし。人と生れて人の道を知らず。臣と生れて臣の道を知らず。子と生れて子の道を知らず。士と生れて士の道を知らず。豈《あ》に恥づべきの至りならずや。若《も》し是れを恥づるの心あらば、書を読み道を学ぶの外術《ほかすべ》あることなし」(『講孟余話』、安政三年)。

松陰は実践を重んじた思想家であった。したがって学問とは実践のための学問であり、観念や原理それ自体を探求する学問のありかたには批判的であった。では実践のための自由を奪われた獄舎における読書や学問に、どれほどの意味があるのだろうか。

松陰にとっての実践とは、社会的・政治的な効用によって計られるべきものではなく、「人」として生まれたものが践《ふ》み行なうべき道であった。儒学では、人の道は五倫(君臣の義、父子の親、夫婦の別、兄弟の序、朋友の信)として規定されるが、松陰はそのうち君臣・父子の関係を重視し、忠・孝の倫理を最高位に置いた(たとえば「士規七則」、安政二年)。

物事を効用のみで計量する「利」の論理には根本的な倫理が欠けている、効用を考えない「仁義」の論理にこそ、かえって大局的には人間を興起する力がある、と松陰は考えた。だから仁義の論理は、動機の正しさだけを基準に行為を判定する、いわゆる「心情倫理」と同一視することはできない。

松陰は講読の冒頭に、いわば方法序説として、つぎのように宣言する。「経書《けいしょ》を読むの第一義は、聖賢に阿《おもね》らぬこと要なり」。つづいてその理由を説明する。

もしおもねるところがあれば、道は明らかにならない。学問をしても害があるだけだ。孔子や孟子は生国を離れて他国に仕えたが、とても許されることではない。

そもそも君臣の関係と父子の関係は、本質においておなじものである。したがって自国の君主が愚かだからといって他国に仕えるのは、自分の父親が馬鹿だからといって隣のお爺さんを父親にするようなものだ。こんなことがあっていいものか。

孔孟を弁解するひとはこう言うだろう。孔孟の道は広大である。自国の君主でなくとも、優れた君主が正しい道を行なえば、天下はみなその恩恵を享受する。生国もその例外ではないはずだ、と。

松陰は反論する。天下を善くしようとして生国を去るのは、国を治めようとして身を修めないのとおなじことだ。これは修身・斉家《せいか》・治国《ちこく》・平天下《へいてんか》という『大学』に示された倫理的実践の序列を乱すものである。

「世の君に事《つか》ふることを論ずる者謂《おも》へらく、功業立たざれば国家に益なしと。是れ大いに誤なり。道を明かにして功を計らず、義を正して利を計らずとこそ云へ、君に事へて遇《あ》はざる時は諫死《かんし》するも可なり、幽囚するも可なり、飢餓するも可なり。是れ等の事に遇へば其の身は功業も名誉も無き如くなれども、人臣の道を失はず、永く後世の模範となり、必ず其の風を観感して興起する者あり」。

「然れば其の身に於て功業名誉なき如くなれども、千百歳へかけて其の忠たる、豈に挙《あ》げて数ふべけんや。是れを大忠と云ふなり」。

ここまで読めば、だれでもちょっと待ってくれと言いたくなる。先賢を絶対視せず、おもねらぬことは大事だ。本居宣長も「師の説になづまざること」を説いた。しかし、テクストはまず著者の文脈に即して正確に読み取られなければならない。孔子や孟子は、君臣関係と父子関係が本質においておなじだなどと言ってはいない。また生国から隣の国に移っても、修身の機会を失うことにはならないだろう。

松陰も、ここまでの議論は「国体」から導き出されたものだと念を押す。「漢土に在りては君道自ずから別なり。大抵聡明睿知《えいち》億兆の上に傑出する者、其の君長となるを道とす。故に堯舜《ぎょうしゅん》は其の位を他人に譲り、湯武《とうぶ》は其の主を放伐すれども、聖人に害なしとす。我が邦は上　天朝より下列藩に至る迄、千万世世襲して絶えざること中々漢土などの比すべきに非《あら》ず。故に漢土の臣は縦《たと》へば半季渡りの奴婢《どひ》の如し」。

漢土では人民に秀でた英邁な人物が君主になって統治する。したがって君主の位は禅譲《ぜんじょう》されたり、武力で奪われたりもする。だから臣下は半年ごとに親方を変える奴僕のようなものだ。これに対して我が国は、上は天朝から下は各藩まで、長いあいだ世襲されてきた。漢土などと比べものにはならない。

我が国の臣下は譜代の臣であるから、主人と「死生休戚《きゅうせき》」をともにして、たとえ死んでも主を捨てて去るなどといった道理はない。ちょっと主と意見が合わないからといって、急に去ったりしていいものか。「我れ孔孟を起《た》たして、共に此の義を論ぜんと欲す」。

日本と漢土とでは違うといっていながら、死んだ孔孟を起して日本のことを議論したいなどというのは、ほとんど言いがかりに近い。

いま西洋列強が日本を侵略しようと手ぐすねを引いている。これをどうやって制御したらいいのか。「他なし、前に論ずる所の我が国体の外国と異る所以《ゆえん》の大義を明かにし、闔国《こうこく》の人は闔国の為めに死し、闔藩の人は闔藩の為めに死し、臣は君の為めに死し、子は父の為めに死するの志確乎《かっこ》たらば、何ぞ諸蛮を畏《おそ》れんや。願はくは諸君と茲《ここ》に従事せん」。

西洋列強に対峙するためには、まず我が国体の外国と異なる所以を明らかにすること、これがいちばん肝要なことだ。こうまとめて、松陰は初日の講読を終えた。

これを精神主義として片づければ片づけられないことはない。しかし松陰はたんに言いっぱなしにしたのではなく、それを日々実践した。獄内という情況のなかでの実践であった。

松陰はもちろん逆境の人であった。逆境の人間には、順境にある人間とは異なる態度が要求される。しかも松陰自身が逆境にあっただけでなく、時代もまさしく逆境であった。

「余此の章（尽心上篇第四十四章）に因りて一議あり、癸丑《きちゅう》（嘉永六年）・甲寅《こういん》（嘉永七年・安政元年）の変に当りて、余同志と国家天下を憂ひ、共に論じて云はく、身を修め而る後に家を斉《ととの》へ、而る後に国を治め、而る後に天下平かなりと云ふは一定の論なれども、是れは尋常の事にて、非常を論ずる所以にあらず」（同）。

修身・斉家・治国・平天下という人間のなすべき順番は平時のことであって、非常時にあっては、そんな悠長なことは許されない。政治的な実践と人間的な陶冶とを同時並行的にやらなければ間に合わないのである。治国に邁進すればおのずと修身が完成するといった逆の道筋はあり得ないけれども、ひとつひとつを本来の順番どおりに実践する余裕はない。実践重視の松陰の面目躍如たる決意であった。

だから『孟子』という基本テクストを読むことは、ほんらいは修身に属する実践であるかもしれないけれども、松陰はこれを同時に、治国・平天下の実践として読み進めようとしたのであった。ここで論じられた問題はつぎの第四章でまとめて考えるとして、その前に出獄した松陰の生活を見ていきたい。

2　松下村塾という拠点

教育とは「拡充」である

いま萩市の松陰神社の境内には、松下村塾の建物とともに、松陰の実家であった杉家の旧宅が保存されている（沿革をいえば、杉家に隣接した土地に明治の末に松陰神社が立てられた）。野山獄から解放された松陰は、この松本村の杉家の一室に蟄居した。

実家に戻ったとはいえ、外部の人間との接触はもちろん、庭に出ることさえ許されない謹慎の生活である。行動の自由は野山獄時代とほとんど変わらず、部屋の広さも獄房より半畳広いだけの三畳半であるが、物理的にも精神的にも快適さは大違いであった。

この幽室で、父、兄、叔父を前に孟子講読は再開された。日々の読書にも一層の励みが増した。しかし獄に残されたかつての同囚を松陰は忘れなかった。忘れなかっただけではない。かれは実践の人である。かれらが獄から出られるように、ひとを介して運動した。

在獄中の松陰の評判も手伝ってか、運動は功を奏して、十月には五人の獄囚が出獄を許された。翌安政四（一八五七）年の七月には、獄内でも狷介《けんかい》さの目立っていた富永弥兵衛（有隣《ゆうりん》）が出獄し、松陰の依頼により村塾の教師に就任した。しかしこの塾のことを書く前に、いくつか予備的なことを記しておきたい。

安政三年六月十三日に孟子講読が終わったあとも、玉木彦介ほかの青年たちは、個別にそれぞれ教えを乞うために松陰のもとを訪れた。あらたに『武教小学』などの講読もはじまった。こうして松陰の教育者としての資質は次第に開花していった。

非公式ではあったが来学する者の数は増し、明倫館時代の兵学門下生や第一回江戸遊学の折におなじ「冷飯」として同行した中谷正亮《しょうすけ》、野山獄時代に獄房の外から聴講した高橋藤之進などが、しばしば足を運んだ。

新たに入門する青年も現われた。増野《ましの》徳民は周防山代《やましろ》の医者の息子で十五歳、十月一日から杉家に下宿して松陰に師事した。吉田栄太郎（のち稔麿《としまろ》）は杉家の隣に住む足軽の息子で十六歳、十一月二十五日に入門した。松浦亀太郎（のち松洞）は二十一歳で画家の卵、この年の末頃に門下生になった。この三人を松陰はとくにかわいがり、徳民を無咎《むきゅう》、栄太郎を無逸《むいつ》、亀太郎を無窮《むきゅう》と命名し、併せて「三無」と称した。

この三無生は獄に在った富永有隣を出獄させる請願運動にも奔走し、久保五郎左衛門の子息清太郎の名で出獄請願書を提出、ついに有隣を塾に迎えることができた。しかしかれら三人はその後、松陰との確執をも経験し、師の没後、それぞれにことなる不幸な最期を遂げた。

かれらの入塾に先立つ九月四日、「松下村塾記」という文章を書いた。これは久保五郎左衛門に頼まれて、隠居した五郎左衛門が近所の子弟を集めて読み書きを教えていた松下村塾のために記したものである。叔父の玉木文之進が主宰し、少年松陰も学んだ松下村塾を第一次松下村塾と呼ぶとすれば、これは第二次の松下村塾であった。

この村塾を後継する暗黙の約束が出来ていたのか、この文章は叔父のためというよりは、松陰みずからの教育宣言というべき内容であった。署名も吉田矩方《のりかた》である。日本列島における長州の位置から説き起こし、萩、そして松本村へと、筆は焦点を絞りながら、その村塾の教育意義に説き及ぶ。「学は人たる所以を学ぶなり」、「抑〻《そもそも》人の最も重しとする所は君臣の義なり。国の最も大なりとする所は華夷《かい》の弁なり。今天下は何如《いか》なる時ぞや。君臣の義講ぜざること六百余年、近時に至り華夷の弁を合せて又之を失ふ。然り而して天下の人方且《まさ》に安然として計を得たりとなす。神州の地に生れ皇室の恩を蒙り、内《うち》君臣の義を失ひ外《そと》華夷の弁を遺《わす》るれば、則ち学の学たる所以人の人たる所以其れ安《いず》くに在らんや」。

また「君臣」、「神州」か、とうんざりする読者もおられるだろう。しかし松陰は君臣や神州を連発したのである。戦後の松陰論はこれらの箇所をなるべく回避して、教育者松陰像だけをクローズアップした。だが両者は表裏の関係にある。片方だけを取り出しても、この尊王教育家を理解することはできない。

このことを踏まえたうえで、松陰の教育観を探っていきたい。まず『講孟余話』から、「惻隠《そくいん》の心」を論じて有名な「公孫丑《こうそんちゅう》」第六章の部分である。

幼児が井戸に落ちそうになったとき、ひとは損得抜きでその子を助けようとする。この惻隠の心が「仁」の発端であり、羞悪《しゅうお》の心が「義」の発端、辞譲《じじょう》の心が「礼」の発端、是非の心が「智」の発端である。このだれにでも可能性として存する「四端」を拡《ひろ》め、充《み》たすことが肝要だと、孟子は説いた。

これに対して松陰は、「宜しく良心発見《はつげん》の所を知りて拡充を勤むべし。拡充の二字、是れ孟子人を教ふるの良術なり」とコメントした。この教育とは「拡充」であるという考え方が、松陰の基本の教育理念であった。

「離婁《りろう》」第七章では、「養」という概念に着目した。「養の一字最も心を付けて看るべし」。中庸の徳や才能を身に着けさせようとして、ただ縄で縛りつけ鞭で打ったりしても、無駄である。「仁義道徳の中に沐浴させて、覚えず知らず善に移り悪に遠ざかり、旧染《きゅうせん》の汙《お》自《おのずか》ら化するを待つことなり。是れ人の父兄たるの道にして、父兄のみにあらず、人の上となりて政を施すも、人の師となりて教を施すも、一の養の字を深く味ふべし」。

「拡充」するために無理やり力を加えても駄目だ、おそらく逆効果であろう。優れた環境のなかに置き、そのなかで本人がおのずと変化するのをじっと見守ってあげること、これが「養」という方法であった。

孟子は「尽心《じんしん》」第三十八章で、人はだれでも天性を備えて生まれるが、聖人だけがそれを存分に発揮させることができる、と説いた。松陰はさらに具体的に考えた。耳には善悪を聞きわける持前《もちまえ》があり、目には善悪を見分ける持前があるように、形のあるものにはそれぞれの「持前」がある。「此の持前を使はざるは凡夫の常なり。若《も》し皆是れを使はば即ち聖人なり」。「人々其の持前を使へば即ち聖人にて、別に口伝《くでん》も秘訣もなきとは、妙なるかな、妙なるかな」。

むろん性善説ではあるが、松陰が言いたいのは、人の性がほんらい善であるということよりは、人がだれでももっている可能性を発展させることで、善が実現するということであった。

このような教育理念を踏まえて、松陰はみずからの志が継承されることを信じた。「縦令《たとい》幽囚に死すと雖《いえど》も、天下後世必ず吾が志を継ぎ成す者あらん」（「梁 恵王《りょうけいおう》」第四章）。

それにはまず自分から、ひとつひとつ実践し、伝えていくことだ。危機の時代にあって、「神州を興隆し四夷を撻伐《たつばつ》するは仁道なり」、と松陰は確信した。「先づ一身一家より手を下し、一村一郷より同志同志と語り伝へて、此の志を同じうする者日々盛にならば、一人より十人、十人より百人、百人より千人、千人より万人、万人より三軍と、順々進み進みして、仁に志す者豈《あ》に寥々《りょうりょう》ならんや」（「告子《こくし》」第十八章）。

野山獄の獄房にあっても、杉家の幽室にあっても、みずからの思想実践が、最後は国を動かすところにまで伝えられていくことを松陰は疑わなかった。

松下村塾の成立

ここまで松陰の教育理念について見てきたが、ここからは松下村塾が成立するまでを追っていきたい。

安政三年の後半は、父兄や友人たちと和漢の古典を読み（『春秋左氏伝』、佐藤信淵『経済要録』、山県大弐『柳子新論』、藤田東湖『弘道館記述義』、大蔵永常『農家益』など）、倫理の基本を議論し、また青年たちにものの考え方や本の読み方を手ほどきしながら、新たな村塾の胎動をひしひしと感じていた。この間に、後述する僧黙霖《もくりん》との論争もあった。

この年の十二月に梅田雲浜が萩を訪れ、藩の重役に面談して尊王攘夷を説き、明倫館で講義をした。翌年正月には松陰を幽室に訪い、なんらかの政治談議を交わしたにちがいないが、松陰はとくに記録を残していない。ふたりは嘉永六年十二月に京都で初めて面談し、翌七年（安政元年）三月には踏海直前の花見の宴で再会していたが、肝胆相照らした仲にはならなかった。

僧黙霖のように思想的同志と言ってよい人物が夏に面会を望んだときには、謹慎を理由に断った。それなのになぜ雲浜とは面談したのか。黙霖が危険人物視されていたのに対して、雲浜は藩公認の賓客であったからだろうか。

このとき松陰は松陰塾のために額面の揮毫《きごう》を雲浜に依頼した。それぐらいには信頼し、敬意も払っていたのであろう。ただし安政の大獄で逮捕され、雲浜との共謀を疑われた際には、雲浜の人格をはげしく非難した。この件については、第七章であらためて取り上げる。

安政四（一八五七）年の四月には、五郎左衛門の息子である久保清太郎が江戸から萩に帰り、かれも松陰塾の教育に大いに協力した。前述したように七月には富永有隣が出獄し、塾の教師として迎えられた。こうして松陰が実質の主宰者、有隣が教師、清太郎が協力者という人員構成で、新たな松下村塾の発足の準備は整った。この頃、久保翁主宰の第二次松下村塾も健在ではあったが、そちらの塾生も松陰塾に顔を出すようになり、両者は渾然一体となっていた。

この夏には藩内でも俊秀ぶりを知られた青年たちが入塾した。久坂玄瑞《げんずい》や高杉晋作たちである。久坂はすでに両親と兄を亡くし家督を継いでいたので、この年の十二月には松陰の懇望によって妹の文《ふみ》と結婚し、杉家に寄寓した。

まだ十八歳の玄瑞を結婚させたのは、松陰持説の晩婚説にあきらかに矛盾するけれども、それぐらい玄瑞を気に入ったということであろう。

塾生十数名となった塾は、杉家の客室では手狭になったので、十一月に邸内の廃屋を手直しして、八畳の塾専用の教室にした。本書もここからは、この教室で運営された松陰の塾を松下村塾と呼ぶことにしたい。

紹介が遅れたが、ここで新たに教師となった富永有隣について触れておこう。有隣は文政四（一八二一）年、周防の代々毛利家に仕えた家に生まれた。松陰の九歳年長である。明倫館で山縣太華（後述）に学び、十三歳の折に藩主の前で『大学』を講じた。松陰に匹敵する秀才ぶりである。出仕してからは小姓役などを務めたが、性狷介、粗暴なところを藩官僚や親戚に嫌われ、嘉永五年島流しに遭い（きっかけになる事件があったのだろうが不明）、翌年野山獄に繋がれた。しかしその学識を惜しんだ松陰が、新たな塾の教師に招いたのである。松陰再投獄以降については、のちに触れることにしたい。

新松下村塾への入塾希望者は日増しに増え、翌安政五（一八五八）年三月には、教師、塾生総出で大工に協力して、あらたに十八畳の増築工事を行なった。七月には藩府から家学教授の正式の許しも降り、名実ともに松陰の松下村塾は確立した。

村塾が活気を呈すれば呈するほど、塾生の鼻息も荒くなった。次第に藩校明倫館出身者が組織する嚶鳴社《おうめいしゃ》とのあいだに思想的・政治的な抗争が繰り広げられ、安政五年二月には僧月性に和解の仲裁を依頼するまでに険悪化した。

また家老の益田弾正《だんじょう》の領地である須佐《すさ》の郷校・育英館との人的交流も試みられるなど、活動は多方面にわたった。

なお安政三年三月から松陰再投獄の五年十二月までの二年十か月間のあいだに来学した塾生の総数は、九十二名にのぼる（海原徹『松下村塾の人びと』、一九九三年）。

「御勉強成されられい！」

安政四年の末から安政五年の秋頃までが、松下村塾の最盛期であり、入門者が相次いだ。安政四年の暮れに十五歳で入塾した天野清三郎（のちの渡辺蒿蔵《こうぞう》、維新後英国に留学し、造船畑のパイオニアとなる）は、後年インタビューに答えて当時を回想した。

「当時は松陰先生の評判がよく、誰れも彼れも松下に行つて居るといふやうで、云はば流行であつた。又松下塾へ行けば何か仕事にありつけると思つて居つたものだ」（「渡辺蒿蔵問答録」、昭和八年）。ちょっと前までは、藩の重罪人ということで警戒する雰囲気もあったぐらいだから、ひとの心も勝手なものであった。

さて松陰は門人たちにどのように接したのだろうか。渡辺が別のインタビューで答えている。

「吉田松陰先生は、言語甚だ丁寧にして、村塾に出入する門人の内、年長《た》けたるものに対しては、大抵『あなた』といはれ、余等如き年少に対しては、『おまへ』などいはれたり」（「渡辺蒿蔵談話第一」、大正五年）。

他の入門者も同様の感想を述べている。安政四年に隣村の上野村から入塾した横山重五郎（のち幾太）は、藩士の息子で当時十七歳であった。少し早く入塾していた同村の冷泉雅二郎に連いて行くと、容貌も言葉づかいもパッとしない男が応対した。帰路冷泉が言うには、「今日の人は先生に非ず、富永有隣と云ふ人なり。先生漫《みだ》りに他人に会するを厳禁せらる。故に両三日富永に学びたる後にあらざれば先生の室に至るを得ざるなり」（横山幾太『鷗磻釣余鈔』、明治二十四年、以下同）。

重五郎は松陰の顔見たさに翌日も訪問すると、運よく先生の部屋に招かれた。「其の容貌言語果して人に異なり。先生曰く、『勉むべし』。（言語頗《すこぶ》る丁寧なり、御勉強成されられい）」。漢文にすると「勉むべし」になってしまうが、「御勉強成されられい」のなんと潑剌《はつらつ》としたことか。やる気にならないわけにいかなかっただろう。

この日読んだのは藤田東湖の『常陸帯《ひたちおび》』であった。松陰は東湖の人となりを諄々と説いた。「其の慇懃《いんぎん》なる且つ一《ひとつ》も自ら英雄を以て居り人を見る虫《ちゆうぎ》蟻の如くする状一点も無く、只だ僅かに年長と云ふ迄の如し。余大いに驚き喜懼《きくお》措く能はず」。

ほとんどファンの心境であるが、なにからなにまで心服したのでないところが面白い。ある日の朝、先生が晴れ晴れとした顔をして言った。昨晩佐世八十郎《させやそろう》（のちの前原一誠）が書画紙をたくさん持参して揮毫を乞うたので書いてあげた、おかげで気が紛れた。

先生はもちろん英傑だけれども、書がうまいという評判はなかった。そんな人に書画紙をたくさんもってくるとは、佐世も田舎者で純朴だな、と重五郎は思った。

重五郎を塾に同行した冷泉《れいぜい》雅二郎（のち天野御民）も、この年十七歳で入門していた。藩士で国学者の父をもつこの青年も、のちに貴重な証言を残した（『松下村塾零話』、明治三十年）。

友人の馬島春海に聞いたこととして、前の二人とよく似た話を伝えている。入門に際して「謹みて教授を乞ふ」と言うと、「教授は能《あた》はざるも、君等と共に講究せん」と返答し、帰りには昇降口まで見送ってくれたというのである。

たしかに松陰は門下生を「門弟」とか「弟子」とは呼ばず、つねに「諸友」とか「諸生」と称した。見送りは、九州遊歴の折に平戸で学んだ作法であったかもしれない（三七ページ参照）。以下は雅二郎本人の回想である。

先生は歴史を読むときにはかならず地図を参照し、「古今の沿革彼我の遠近を詳《つまびら》かにす」。「地を離れて人なく、人を離れて事なし、人事を究めんと欲せば先づ地理を見よ」、とつねに言った。金子重之助に言ったこととまったくおなじである。

日本のことを学ぶ際には、本居宣長の『古事記伝』を主なテクストにしたけれども、水戸学や頼山陽の説も参照した。このように『古事記伝』をしばしば読み、講義していることは読書録からも窺えるのだが、宣長独特の方法論は、松陰の書き物からはあまり伝わらない。

いつも門人に、「書を読む者は其の精力の半ばを筆記に費すべし」と言って、抄録を勧めた。「今年の抄は明年の愚となり。明年の録は明後年の拙を覚ゆべし。是れ智識の上達する徴《しるし》なり。且つ抄録は詩文を作るに、古事類例比喩を索引するに甚だ便利なり」、というのがその理由であった。

婦人教育にも熱心で、いつも良い本がないことを嘆いていた。そこで富永有隣に後漢の曹大家《そうだいか》(『漢書』を撰した班固の妹)の『女誡七篇』を訳述させて、久保塾(第二次松下村塾)の子女の教科書に供した。松陰が妹たちに懇切な手紙を送って、さまざまな手ほどきをしたこともよく知られたエピソードである。

教室のスタイルも、決まった時間割があるわけでなく、定まった教科書があったわけでもなかった。天野清三郎は『明史《みんし》』や『東坡策《とうばさく》』を読んだというから、初学者の場合あまり現実政治的な書物は選ばなかったようである。

塾生それぞれに相応しいテクストを選定して、先生が一回読んだあとに生徒が読む。読めなければ、もう一回読んでもらうといったやり方であった。先生は上座に陣取っていたわけではなく、生徒のあいだを巡り歩いて教えた(「渡辺蒿蔵問答録」、「渡辺蒿蔵談話第一」)。

杉家の邸内の畑の草むしりなどをしながら、読書の方法や歴史について話をしたこともあった。「門人愉快に勝《た》へず、之れを楽しみとす」。海防僧と言われた月性《げっしょう》が萩城下を講演して回ったときには、年少の生徒を聞きにいかせた(『松下村塾零話』)。

この教室は生徒を教えただけでなく、松陰は生活のすべてをここで行ない、勉強途中で食事時になると、杉家の台所から飯櫃《めしびつ》をもってきて子弟で一緒に食べたこともあった。おかずは沢庵程度のものであった。睡眠時間を切り詰めていたので、昼間にも疲れておもわず机に伏してひと眠りすることがあった。しばらくして起きると、また講読した(『松下村塾零話』)。

あまり規則らしい規則のない塾ではあったが、五箇条の規則が定められていた。安政四年頃に起草されたものらしい。

「一、両親の命必ず背くべからず」、「一、両親へ必ず出入を告ぐべし」につづいて、「一、晨起盥《しんきかん》梳《そ》（朝起きたら洗面・整髪し）、先祖を拝し、御城にむかひ拝し、東にむかひ　天朝を拝する事。仮《たと》令《い》病に臥すとも怠るべからず」、「一、兄はもとより年長又は位高き人にはかならず順《したが》ひ敬ひ、無礼なる事なく、弟はいふもさらなり、品卑き年すくなき人を愛すべし」、「一、塾中においてよろづ応対と進退とを切に礼儀を正しくすべし」、という規則がつづいた。

第一条に背いた場合は座禅が課され、その他の四条に違背した場合には軽重によって罰が下された。東方の天朝を拝すること、弱者に優しいこと、バンカラを嫌ったことあたりが、松陰の塾らしいところだろうか。

教室のなかには、「飛《ひ》耳《じ》長　目《ちょうもく》」と題したノートがあり、ここには天下の同志、知友、門人から寄せられた内外の情報、上方から来た商人の口コミなどが記されていた（『松下村塾零話』、「渡辺蒿蔵談話第二」、昭和六年）。塾生につねにアクチュアルな問題を意識させるとともに、幽室の松陰が国事を論ずるに際しての最大の情報源であった。

教室に装飾らしきものはなにもなく、ただ楠正成の「七生滅賊」を大原三位（後述）が揮毫した書軸が掛けられていた。

さてここまでは松陰の丁寧さを物語るエピソードばかり紹介してきたが、一方でこんな渡辺蒿蔵の回想もある。「先生の講説は、あまり流暢にはあらず、常に脇差《わきざし》を手より離さず、之れを膝に横たへて端坐し、両手にてその両端を押へ、肩を聳《そび》やかして講説す」（「渡辺蒿蔵談話第一」）。脇差は自らを律するための嗜みであったと思われるが、「滅賊」という書軸に併せて、いささか剣呑な感じもする。しかしそれが松陰であった。

ただし渡辺が伝えるつぎのようなエピソードも紹介しておきたい。塾の柱に刀痕があった。安政五年の暮に松陰が再投獄されたときに、憤激した門下生たちが切りつけた痕だと塾生のあいだに伝えられていた。

明治になってから野村靖にこのことを尋ねると、野村は言下に否定した。「左様なる狂暴の行は先生の平生禁ずる所なれば、決してあるべきに非ず。もし行ふものあらば、先生豈に之れを容《ゆる》さんや」（同）。

忠実な弟子であった野村の言うとおり、松陰はそのような粗暴なふるまいを嫌った。この刀痕は、松陰再投獄のことではなく、翌安政六年二月に佐世八十郎が長崎に遊学する際の壮行の宴で、門下生が斬りつけたものであった。

またこの頃、江戸で高杉晋作が犬を斬り捨てたという話を松陰は聞いた。松陰は「中谷・久坂・高杉等へ伝へ示し度く候」と前置きして、「平時喋《ちょうちょう》々たるは、事に臨んで必ず啞。平時炎々たるは事に臨んで必ず滅す。孟子、浩然の気、助長の害を論ずるを見るべし」と、警告を発した（二月下旬、諸友宛）。

さてまとめに入ろう。人がだれでも生まれつきもっている「四端」という可能性を「拡充」するために、その「持前」を「養」うということが松陰の教育理念であった。それがどのように具体化されていたのか、門下生の証言からその一端をとらえることができたのではないか。

松陰は教えを乞うひとに対して、まずなんのために学問するのかと問うた。たいていの場合、本が読めるようになりたいと答える。先生はすかさず返した。「学者になつてはいかぬ、人は実行が第一である、書物の如きは心掛けさへすれば、実務に服する間には、自然読み得るに至るものなり」（「渡辺蒿蔵談話第一」）。

有隣その後

少し余談になるが、富永有隣のその後について紹介しておきたい。

先に触れた久保清太郎名義の出獄嘆願書である「富永弥兵衛の免獄を乞ふ状」は、面識もない清太郎が書いたはずもなく、松陰の代作である。文中の「僕」（久保）は外兄（松陰）に聞いたこととして、弥兵衛（有隣）の人となりと学識とを推奨する。

弥兵衛は生来気性が荒く、「悪を悪《にく》むこと仇の如く、気を使ひて人を罵る」。そのため凡俗の輩の忌み嫌うところとなり、陥れられて獄に繋がれたが、決して不忠不孝の人ではない。

獄中で吉田生（松陰）と交わるにおよび、粗暴な心は真っ直ぐになり、悪を憎むよりは善をよしとするようになった。「前と蓋《けだ》し二人《べつじん》の如し」。学問・作文の能力も抜群である。

代作を隠れ蓑にして、松陰は自分の獄内教育を衒《てら》いもなく評価している。要するに人格にやや棘《とげ》はあるものの、それは悪に対する過剰な攻撃性であり、それもいまは和らいだ。この能力を獄中に腐らせておくのはなんとも惜しい、といった内容であった。

安政四年七月に松下村塾に迎えられたあとも、松陰の書簡などに見える有隣像は、「有隣已に村塾に入り、塾生大いに振ふ」（「村塾記事」、安政四年冬）、「此の仁《じん》小生獄中已来《いらい》の大知己に御座候」（安政五年四月十八日付森田節斎宛）といった感じで、つねに好意的であった。先に引用した横山重五郎の証言だけで評価するのは、有隣に気の毒な気がする。

しかし安政五年の十二月に、松陰に再投獄の命令が下されると、門下生八人がその罪名を問うて藩要人に迫り、自宅謹慎を命じられた。松陰以外とはうまく行っていなかった有隣は、この八人をも誹謗したため、関係はさらに悪化し、六年の正月についに塾から脱走した。人びとは言った、「義卿（松陰）人を知らず、有隣義を知らず」（松陰「富永有隣の事を記す」、安政六年春か夏）。

大原三位西下策（第六章に後述）の実行途上で同志を裏切った田原荘四郎に対して、門人の入江杉蔵は激しい怨みと復讐の気持ちを抱いた。松陰はその杉蔵に向かって、「怨讎《えんしゅう》の気過当なり。是れ汝の病《へい》なり」とたしなめつつ、「然れども吾れの有隣を怒るも、亦此れに類す、並《とも》に宜しく改《あらた》むべし」、と反省の弁を漏らした（「子遠に語《つ》ぐ」、安政六年正月二十七日付）。

松陰が有隣を最後にどう評価していたのか、これまでも内心ではどう見ていたのか、ストレートに語った書簡がある（安政六年五月十三日付土屋蕭海宛）。

「危惧の際に当りては、此の人に限らず右顧左眄《うこさべん》して、事過ぐるを待つて喋々《ちょうちょう》するもの少なからず候へば、夫《そ》れは一々怒責するは余り愚にて、僕亦為さざるなり。今此の人に体認して見れば実に憐むべし。第一は居所にも困るべし。又家も窮乏なれば徒食しては立ち行き申さず。さればとて生産を営すること出来る人に非ず。殊に酒色の病あれば費用も尠《すくな》からず、出でて旧友に逢へば面折せられ、進退惟《こ》れ谷《きわ》まる事は必然なり。然れども僕が身に於ても随分処し難き訳之れあり候」。最初は怒ったものの、いまはむしろその哀れさをじっと見つめる心境であった。これまでの苦労もしのばれる。しかしただ同情しているだけではない。

郷里に帰って老母に孝行しながら手習いの師匠でもしてくれればよいのだが、萩に残って、「義卿（松陰）がどう云うた、かう云うたと売りあるいて貰《もら》つては大きに面白からず。此の人虚言の名人なれば、一度書通面接でもすると忽《たちま》ちに尾を付け、羽を付け、埒《らち》もなき事を云ひ散らす事必然なり。此の事迷惑の第一なり」。

有隣の性癖に触れたのは、政治的に微妙な立場にあった獄中の松陰にとって、有隣にあれこれ言って歩かれては迷惑千万であったからだ。松陰のこの頃のことは、第六章でじっくり見ていきたい。

有隣自身は、松陰の心配などよそに、周防の地で私塾を営んだ後、慶応二（一八六六）年の四境戦争（第二次幕長戦争）で一隊を率いて軍功を挙げた。しかし明治二（一八六九）年の藩内不平士族の反乱に幹部として参加、敗れたのちは諸国を流浪し、明治十（一八七七）年に逮捕されて石川島監獄に繋がれた。獄中では松陰に学んだのか獄囚に対する教育を実践した。十七年に特赦で出獄、周防に戻り、妹の婚家に寄寓して私塾を営み、また著述に励んだ。

この頃、松陰に心酔する青年が有隣を取材に訪れた。青年は東京専門学校（現在の早稲田大学）を中退し、山口県熊毛郡の両親のもとに帰っていたところ、おなじ郡内に有隣が隠遁していることを知り、松陰の話を聞くために訪問したのである。青年とはのちの作家、国木田独歩である。この時のインタビュー記事は徳富蘇峰が創刊した『国民新聞』に投稿された（「吉田松陰及び長州先輩に関して」、明治二十四年八月二十九、三十日）。

「左の問答の起りし場所は、山口県下の或る片田舎なりと知らる可し、主人は年の頃、七十前後とも見へ、頭髪猶束《なおつか》ねられて、旧日本のかたみを留めたり。左眼は已に永遠の暗室に葬《ほうむ》られ乍《なが》らも、独眼独り熒々《けいけい》として、猶今の時世をば、猜疑の光もて見廻はせり」。これが書き出しである。有隣の名はなぜか一度も出さず、「主人」で押し通す。

　松陰のことが聞きたいという「客」に対して、主人は、「お前は、何ニカイ、寅次郎の事を聞《きき》に来たのかイ、其れは今時、感心な事ダ」と語りはじめる。そもそも松陰は、「ワシが萩の禁獄に居《お》ると云ふ事を聞き、且つは杉は実父の家だから、帰《かえり》ては却て、色々の情合《じょうあい》も起らうと云ふ処で、自ら願ふてワシの禁獄の隣室《となりしつ》へ来た」のだと、松陰がほんとうにそう言ったのか、有隣の記憶違いか、あるいはまたほらを吹きはじめているのか、定かではないが、怪気炎である。松下村塾に関しても、二人で相談して出来たような口ぶりであった。

　東京世田谷の松陰神社が創建されたのが明治十五（一八八二）年、萩の松陰神社も明治二十三年に初めの社殿が築かれているから、この問答の折には、松陰の神格化はかなり進行していたと見てよい。そんな時勢に、「お前は、何ニカイ、寅次郎の事を聞に来たのかイ」には、青年独歩も驚いたことだろう。

　有隣なりの反時代精神は健在である。「今頃の書物は一つも当《あて》に成らん。ドダイ、ウソ計《ばか》りだからノー。寅次郎の事でも無暗《むやみ》にホメて却てあれの人物を落して居る事が多いノー。事物に磊落《らいらく》で頓着のない様に云ふが、あれで至て綿密な男ダゾ」。

松陰の話はあまりつづかず、後半は伊藤博文、山県有朋、品川弥二郎、山田顕義らの人物論に移り、これも時の顕官たちを小僧あつかいした口吻であり、その他「奇談」がいろいろ跳びだした模様だが、聞き手は「憚《はば》かる処あり」として省略した。

有隣がよほど鉄面皮でないかぎり、松陰と門下生全員を裏切って敵前逃亡した人物の口ぶりではない。主観的にはかなり異なる理由があったのではないかと思わせる。逃亡後の行動も、決して臆病な卑劣漢の軌跡を描いてはいない。いずれにせよ、先の江帾五郎などと並んで、松陰の周辺を負の陰翳で縁取る強烈な個性であったことはまちがいない。

なお独歩の短編「富岡先生」は有隣をモデルにした小説として有名だが、こちらは当然ながらフィクションの部分が多く、むしろ独歩の想像力が描き足した有隣像として受け止めておきたい。

第四章　幽室の思索者――日本人すべてが対等な理由

1　天下は天朝の天下なり

「天朝の天下」か、「天下の天下」か

ペリー来航時に松陰が長州藩主に呈上した「将及私言」には、「天下は天朝の天下にして、乃ち天下の天下なり、幕府の私有に非ず」と宣言されていた（七四ページ参照）。

天下は「天朝の天下」すなわち「天下の天下」であるから幕府の専有物ではなく、したがってこの危機は各藩各藩士がこぞって対処しなければならない、という主張であった。ここでは「幕府の私有」を否定したいがために、「天朝の天下」と「天下の天下」が等置され、その「公」性が強調されていた。

なぜ「天朝の天下」であれば「天下の天下」になるのか。「天朝の天下」は天祖が定めた道理であり、天朝は臣民と「君民一体」であるから、「天朝の天下」すなわち「天下の天下」になるとい

う理由であろう。

安政二（一八五五）年正月に満十五歳で元服した従弟の玉木彦介のために、野山獄中の松陰が書きあたえた「士規七則」という文章がある。武士の心得を七箇条にまとめたもので、松陰の自筆が塾内に掲げられていたという乃木希典《のぎまれすけ》の証言があるけれども、前記の少年たちの回想にはない。あるいは松陰没後のことかもしれない。

いずれにせよ、戦前の軍国主義教育でもてはやされたいわくつきの文章だ。この二箇条目はつぎのように語られている。

「凡そ　皇国に生れては、宜しく吾が宇内《うだい》に尊き所以を知るべし。蓋《けだ》し　皇朝は万葉一統にして、邦国の士夫世〻禄位を襲《つ》ぐ。人君民を養ひて、以て祖業を続《つ》ぎたまひ、臣民君に忠して、以て父志を継ぐ。君臣一体、忠孝一致、唯だ吾が国を然りと為す」。

皇朝は神代から万世一系であり、この国を統治するという祖業を継承してきた。天皇は人々を養い、臣民は天皇に忠義を尽くして、「君臣一体」であるのが、我が国の本来である。

野山獄における初日の『孟子』講読でも、漢土と比較して、そのことが思い起こされた。「漢土に在りては君道自ずから別なり。大抵聡明睿知《えいち》億兆の上に傑出する者、其の君長となるを道とす」。「我が邦は上　天朝より下列藩に至る迄、千万世世襲して絶えざること中々漢土などの比すべきに非ず」（一一一ページ参照）。万世一系の天皇が民を慈しみ、臣民は忠義を尽くす、これが「国体」であった。

つぎに『講孟余話』の湯武放伐論で有名な「梁恵王」下篇第八章を講じた箇所を見よう。殷《いん》の湯王は前代の夏の桀《けつ》王を討伐し、周の武王はその前の殷の紂《ちゅう》王を討伐して、それぞれ新王朝を建てた。このことについて斉の宣王が孟子に質問した。これは臣下が君主を弑《しい》することであり、許されることなのか、と。

孟子は答えた。仁を失った人を「残」といい、義を失った人を「賊」と呼ぶ。「残賊」の人を「一夫」という。「一夫の紂を誅《ちゅう》するを聞く。未だ君を弑するを聞かざるなり」。湯武は君主を弑したのではなく、一夫を誅したにすぎない。

儒学の倫理をまったく傷つけることなく、革命を正当化する巧みな組み立てであった。松陰は孟子のこの論理をひとまず了承した上で、「本邦は則ち然らず」と切り返す。本邦は、天照皇大神の子孫と人民とが「休戚《きゅうせき》」(喜びと悲しみ)をともにした長い歴史がある。そして征夷大将軍の類いは、天朝が命じた職であるから、その職にあるものが職務を全うできないときには、すぐに排してかまわない。

「是れ漢土君師の義と甚だ相類す」。湯武は天命を受けて賊を討ったと称した。本邦では、天朝の命を奉じないで討伐したならば、それは覇者が覇者を討ったにすぎない。

ここでは漢土における「天」と本邦における「天朝」とがアナロジーで対比されることにより、国体の論理が補強されていた。

『孟子』講読後半の「尽心」下篇第十四章では、「民を貴しと為す。社稷《しゃしょく》之れに次ぎ、君を軽しと為す」という孟子の発言をめぐり、「此の義、人君自ら戒むる所なり。蓋し人君の天職は天民を治むることなり。民の為めの君なれば、民なければ君にも及ばず。故に民を貴とし、君を軽とす」と解説し、しかしわが国においては、と『日本書紀』に即して説き起こす。

我が国は国常立尊《くにとこたちのみこと》にはじまり、伊弉諾尊《いざなぎのみこと》・伊弉冉尊《いざなみのみこと》の時に至り、山川草木人民、そして「天下の主」である皇祖・天照皇大神《あまてらすおおみかみ》を生んだ。それ以来、天子の位と国土とは揺らぎなく今日までつづいた。したがって、「天下より視れば人君程尊き者はなし。人君より視れば人民程貴き者はなし。此の君民は開闢《かいびゃく》以来一日も相離れ得るものに非ず」(『講孟余話』)。

このことを弁えないでこの章を読むと、「毛唐人《けとうじん》」の口まねをして、「天下は一人の天下に非ず、天下の天下なり」などと、国体を忘却した言辞を吐くことになるのだ、と松陰は憤った。

しかし松陰自身が、三年前の「将及私言」では、「天下は天朝の天下にして、乃ち天下の天下なり」と書いていた。その理由はすこし前に書いたとおりである。だが「天朝の天下」すなわち「一人の天下」を否定するために、「天下の天下」が主張されたときには、松陰はこれを厳然と否定する。

では漢土と皇国とは、それぞれに異なる別個のローカルな共同体と考えていいのだろうか。そうではない。それでは普遍を目指した儒学の体系が崩壊する。「道は天下公共の道にして所謂《いわゆる》同なり。国体は一国の体にして所謂独なり。君臣父子夫婦長幼朋友、五者天下の同なり。皇朝君臣の義万国に卓越する如きは、一国の独なり」(『講孟余話』)。

五倫五常のように普遍的な「同」に属する倫理と、国体のようなそれぞれにオリジナルな「独」としての倫理があった。そして「同」も道であれば、「独」である国体もまた道である、と松陰は述べる。

「然るに一老先生（山縣太華、後述）の説の如く、道は天地の間一理にして、其の大原は天より出づ、我れと人との差なく、我が国と他の国との別なしと云ひて、皇国の君臣を漢土の君臣と同一に論ずるは、余が万々服せざる所なり。況《いわん》や孟子已《すで》に其の此の理あることを論ずること明々なるをや。大抵五大洲公共の道あり、各一州公共の道あり、皇国・漢土・諸属国（朝鮮・安南・琉球・台湾の類——原文）公共の道あり、六十六国（当時の日本国内）公共の道あり、皆所謂《いわゆる》同なり」。

どのような地域・共同体にも、それぞれの「公共の道」があり、それがそれぞれの「同」だと松陰は説明する。一家に「庭訓《ていきん》」があり、一村に「古風」があるように、一国には国法があり、皇国には国体がある。このように「同」と「独」とは相対的な概念であることを強調したのである。「然るに強ひて天地間一理と云ふとも、実事に於て不通と云ふべし。独同の義を以て是れを推究すべし」という言辞は、エスニシティを尊重し、グローバリズムを批判する現代の多文化主義をも連想させる。

にもかかわらず、なぜ松陰はひとつの「独」である国体を卓越したものとして強調するのだろうか。松陰はこの卓越性について、あくまで自明であるかのように主張するばかりで、論理的な説得に成功していない。ただナショナルな心情だけが論理上の飛躍を保証しているのである。

「独」としての国体

右の「同」と「独」をめぐる議論は、藩の大儒である山縣太華《やまがたたいか》に向けられた批判であった。松陰は『講孟箚記《さつき》』（のち『講孟余話』）の草稿を三回に分けて太華に呈上し、批評をもとめた。この江戸で佐藤一斎に学び、明倫館の学頭も務めた大学者は、七十六歳という高齢のうえ、筆をもつ手も不自由であったにかかわらず、懇切な批評を返した。篤実な人柄が文章からもうかがえる。

松陰の右の批判は、一回目に呈上した草稿に対する太華の批判に対する反批判であった。まず太華の松陰批判を見ていこう。

「道は天地の間一理にして、其の大原は天より出づ。我れと人との差なく、我が国と他の国の別なし」とまず基本原理を提示してから、君道についても同様だとして、以下のように説明する（「講孟劄記評語」、安政三年）。

村のレヴェルでも領国のレヴェルでも、能力と人徳に秀でた人が、人びとの信望を得てその長になった。天下についてもおなじことである。堯《ぎょう》・舜《しゅん》は天下第一等の人物であったから、衆人みなこれに服し、天子となった。しかし舜の子は出来が悪かったので、また別に天下第一等の人物を選んで、これに天子の位を譲った。夏《か》王朝を建国した禹《う》である。

その子は父親ほどには優れていなかったけれども、それなりに賢かったので、人々が認め、天子の位を世襲した。代々つづいたこの夏王朝も、しかし暴君の桀《けつ》の時代になって、ついにその位を失った。これが「天」というものである。

「天は知るべからず。然れども天人一理なるゆゑ、衆人の心の向背《こうはい》を以て天を知るなり」。このあたり孟子の正統的な理解である。そして太華は、日本においても、その理法は変わらないと説く。

「我が邦にても　神武天皇西偏（日向の地）より起りて、諸州の服せざる者を平《たいら》げて天下を一統し給ひ、都を中国（国の中央）に立て給ひしより、世々聖賢の君出でて天下を治め給ひ、偶々《たまたま》　武烈の如きありといへども御世も短く、其の後も賢明の君絶えず出で給ひ、其の徳沢《とくたく》、民の骨髄に治《あまね》うして、愈々《いよいよ》久しく愈々厚く、天下奉戴二心なきこと、前の禹《う》の所にいへるも、理は同じことなり」。日本においても武烈天皇のような暴君は登場したけれども、さいわい在位も短く、その後は賢明な君主がつづいたので、民もこれに服して、皇統は継承された。漢土の禹《う》が建国した夏王朝に当てはまったのとおなじ理がはたらいたのである。

しかし後白河法皇が君徳を失ったので、源頼朝が現われて天下を治めた。「而して朝廷は唯だ至尊の位を守りて、天下の事に与《あずか》り給はず」。以後、朝廷は神聖な位に留まり、天下は武家政権が治めて今日に至った。こうして見れば、日本も漢土も理において変わりがないではないか。

これが太華の言い分であった。どのような支配であっても、被治者の同意なしには存続できないこと、この同意を失えば政権を失うことが、古今東西に通ずる理法として主張されたのである。

この儒学的合理論に立つかぎり、太華は創世神話に基づく国体論を認めるわけにはいかない。上古の話は「奇怪の説」が多いと一蹴しただけでなく、『日本書紀』についても、「神代の巻は、皇朝の御先祖を記したる書なり。其の上古の事詳かに知るべからざるを以て、是れを神代と名づけ給ふなり」、と解釈した。

太華は長州藩を代表する儒者であったが、とくに全国的に名が知られたり、著書が読み継がれたりした学者ではなかった。それにしてはなかなかの学識と見識である。江戸時代の教養水準の高さを示しているといっていい。だがこの水準の合理主義は、結局のところ、現状肯定の論理として回収される。対米条約問題では、太華は現状を後追いする論理しか提供できなかった。

しかし松陰の反論は、反論になっていない。太華の保守的で正統的な論理を新たな論理で覆すことができないのである。「漢土には人民ありて、然る後に天子あり。皇国には神聖ありて、然る後に蒼生《そうせい》（人民）あり。国体固より異なり。君臣何ぞ同じからん。先生神代の巻を信ぜず。故に其の説是《か》くの如し」と、自説を繰り返すばかりである。

ついには、「論ずるは則ち可ならず。疑ふは尤《もっと》も可ならず。皇国の道悉《ことごと》く神代に原《もと》づく。則ち此の巻は臣子の宜しく信奉すべき所なり」と、みずから信仰であることを告白した。と同時に、「鴻荒《こう》（大昔）の怪異は万国皆同じ。漢土・如徳亜《ユダヤ》に怪異なきは、吾れ未だ之れを聞かざるなり」と、漢土のみならずユダヤまで引き合いに出して（聖書の知識はどれくらいあったのだろう）、多文化主義的な弁証を試みている（「講孟劄記評語の反評」）。

普遍主義を批判するときには多文化主義的、皇国の卓越性を主張するときには国体論と、松陰はおそらく無意識に（欺瞞的に、ではない）方法を使い分けた。先に政治革命と産業革命を実現し、艦砲をもって日本を開国させようとする米欧列強に対して、思想的に対抗するためには、国体論で戦うしかなかったのである。しかし「万国公法」などの一方的普遍で迫ってくる列強に対して、お前たちの論理だって、もとは俺たちとおなじ「独」にすぎないではないか、と主張するに十分な根拠はあった。

「仰いで天子の感悟を祈るべきのみ」

さて孟子の論理では、桀紂《けっちゅう》のような暴君が現われた場合には、湯武《とうぶ》のように放伐することが正当化された。革命の容認である。日本においても、征夷大将軍がその職務を果さない場合には、天朝にそれを解任する権限が担保された。それが松陰の論理であった。

では天皇のなかに暴君が出現した場合には、どうしたらよいのか。皇統には暴君など現われないという無理な前提でもなければ、この問題は避けて通ることができない。山縣太華は武烈天皇の例を挙げていたし、後白河院も君徳を失った例に数えられていた。松陰も『講孟余話』のなかで、後白河・後鳥羽両天皇の非を認めていたのである。ではどうするか。

『講孟余話』とおなじ頃に書かれた文章のなかで、松陰はこの問題に答えている。「必無の事」だが、と断わってから、つぎのような激烈な文辞を連ねる。

「本邦の帝王或《あるい》は桀紂の虐あらんとも、億兆の民は唯だ当《まさ》に首領を並列して、闕《けつ》に伏し号哭《ごうこく》して、仰いで天子の感悟を祈るべきのみ。不幸にして天子震怒し、尽《ことごと》く億兆を誅したまはば、四海の余民、復《ま》た孑遺《げつい》あるなし、而して後神州亡ぶ。若《も》し尚ほ一民の存するものあらば、又闕に詣《いた》りて死せんのみ。是れ神州の民なり」(「斎藤生の文を評す」、安政三年)。

もし天皇に桀紂のような悪虐な振舞いがあったときには、民衆はすべての首を並べて、宮城の前にひれ伏し、泣いて、天皇が誤りを悟るのを祈るだけである。不幸にして天皇が激怒して民衆すべてを誅した場合には、それは神州の亡ぶ時である。もし一人でも生き残りがあれば、また宮城の門の前で死ぬだけである。それが神州の民というものだ。

怖ろしい思想である。私はこの文章を読む度に、尊王などと軽々に言うべきではないとつくづく思う。尊王を主張するなら、ここまでの覚悟が要求されるのである。

「諫死《かんし》」というのは、ほんらい、家老などのしかるべき地位にある臣下のみに許された名誉ある死に方であった。民百姓に許されるようなことではなかった。しかし松陰にあっては、一君に対して、すべての民が同列に並べられ、おなじ資格で天皇の「感悟」を祈ることが許される。

『孟子』講読の冒頭では、松陰はつぎのように述べていた。「君に事《つか》へて遇《あ》はざる時は諫死するも可なり、幽囚するも可なり、飢餓するも可なり。是れ等の事に遇へば其の身は功業も名誉も無き如くなれども、人臣の道を失はず、永く後世の模範となり、必ず其の風を観感して興起する者あり」（一一〇ページ参照）。

ここでいう「君」とは、天皇でもあり、藩主でもあった。藩主は天皇の臣下であるが、松陰はその藩主の臣下であった（身分としては士籍を剝奪されていたが）。だからこの時期の松陰には、先のような一君万民的なイメージと、天皇から藩士に至るタテ系列のヒエラルキーの意識とが、併存していたのである。

しかし宮城の門前にひれ伏し泣いて諫める臣民のように、松陰の忠の意識にはつねに悲劇的なイメージが表象されていた。

「国強く勢盛んなる時は、孰《た》れも忠勤を励むものなり。国衰へ勢去るに至りては、志を変じ敵に降り主を売る類寡《すくな》からず」。「明主に忠あるは珍しからず、暗主に忠なるこそ真忠なれ」（『講孟余話』）。松陰の言葉は美しく響くが、すでに敗北を予感させる響きでもあった。

「一筆姦権を誅す」か、「一誠兆人を感ぜしむ」か

松陰の尊王論が彫琢されていく過程で、議論のよき導き手となったのが、月性《げっしょう》と黙霖《もくりん》というふたりの浄土真宗の僧侶であった。月性は周防遠崎《とおざき》の妙円寺という寺の住職であり、法話のなかでいつも海防の急務を説いたので、「海防僧」の異名があった。漢詩人としても知られ、「男子志を立てて郷関《きょうかん》を出づ」、「人間《じんかん》到る処青山《せいざん》有り」の名文句は、今日まで人口に膾炙《かいしゃ》した。松陰の十二歳年上である。ペリー来航以降、早くから尊王倒幕の志を抱いていた。

黙霖は聾啞《ろうあ》の障害をもつ放浪僧であり、全国さまざまなところに神出鬼没しては、筆談で尊王を説き、「勤王僧」と称された。みずからは「王民」（天皇の民）と号した。松陰より六歳年長である。

松陰が野山獄にあった安政二年の三月から月性との文通が始まり、おなじ年の九月には、『幽囚録』を読んで心を動かされた黙霖から来信があり、以後書簡での濃密な論争が開始された。

ここでは安政三年八月における黙霖との論争を見ていきたい。この激しくせめぎあった論争の最中の八月十四日に、黙霖は幽室の松陰との面談を希望したが、松陰はあっさりと断わった。この時点では、禁を破ってまで会う必要を認めなかったのであろうか（以下、黙霖の伝記、書簡などは、川上喜蔵編著『宇都宮黙霖・吉田松陰往復書簡』による）。

ポイントはまず、尊王を実践する方法の問題であった。黙霖は、前年冬の書簡で、松陰の「感悟」の思想を批判して、「縦《たと》へ其の人を感悟せしむとも、風俗頽隳《たいき》の世に生れて之を奈何《いかん》ともすべからず。余、一筆姦権の士を誅し、忠孝の冤《えん》を雪《そそ》ぐ有らんのみ」、と主張した。一人を説得して悟

らしめても、頽廃した世の中はどうなるものでもない。文章の力で不正な権力にある者どもを退治するだけだ。

黙霖は社会的に無力な単独者であるから、政治や武力による手立てはない。みずからに可能であり、かつ自信のある筆の力に賭けた。これに対し、松陰はあくまで「誠」という人間の倫理的能力を信じた。

「僕、謂《おも》へらく、幕府一日感悟せば則ち朝を終へずして天下平かならん。諸将一日感悟せば則ち朝を終へずして一国治まらん」（「浮屠黙霖に復する書」、八月十五日）と、「感悟」する力に賭けた。また、「上人の心一筆一人を誅す。吾の心一誠一人を感ぜしむ。これ両人の心遂に同じかるべからざるなり」と違いを明らかにしながらも、「上人の如きに至つては議論は同じからずして心腸（心の中）は則ち同じ」（八月十八日付）と、共感も隠さなかった。

しかし修行中の青年僧の過ちによって出生し、親の愛を知らず、天涯孤独で、青年期に聾唖の障害を負い、猛烈な勉学と激烈な言辞だけを頼りに生きてきた男に、ほとんど正反対の生い立ちをもつ松陰の誠の倫理が軽々に伝わるはずもなかった。

黙霖にはこれが甘ちょろい姿勢に映り、我慢がならなかった。結局なんとか言いながら、幕府を温存するだけではないか、と食って掛かった。

「昔者《むかし》、王莽《おうもう》、漢の権を竊《ぬす》みたるに天下多く之を敬せり、独り梅福数輩のみは之を非《そし》りぬ。僕、今日の覇者を観る、猶《なお》王莽のごとし。足下之を仰ぐの人。何ぞ其の梅福の何物たるを知らんや」（八月十八日付）。

王莽は前漢末に皇帝を毒殺して帝位を簒奪し、新を建国したが、在位十五年でその国は亡んだ。今日の覇者（幕府）は王莽のような不義の政権であるのに、お前さんはそれを仰ぎ見ているだけで、自分のような批判者のことなどなにも分かってはいないのだ、と黙霖は松陰を罵倒したのである。

こうまで言われては、松陰も黙ってはいられない。出家であるだけでなく放浪の僧でもある黙霖と、毛利家の臣である松陰とでは、ほんらい身の処し方がちがうのだ、ということから書きはじめる。

「僕は毛利家の臣なり。故に日夜毛利家に奉公することを練磨するなり。毛利家は天子の臣なり。故に日夜天子に奉公するなり。吾等、国王に忠勤するは則ち天子に忠勤するなり。然れども六百年来、我が主も忠勤を天子へ竭《つく》さざること多し。実に大罪をば自ら知れり。我が主、六百年来の忠勤を今日に償《つぐな》はせ度《たき》こと本意なり」（八月十八日付）。

毛利家の臣が毛利家に奉公し、その毛利家が天子に奉公するのだから、藩主に忠勤を励むことが、とりもなおさず天子に忠勤することになる。自分が毛利家の臣であるかぎり、そこに忠勤することを通して天子に忠勤するといった順序は崩すわけにはいかない。しかしその毛利家が天子に忠勤を励んできたかといえば、そうではない。その償いをいま果させたい。

それができずに、「若《も》し僕幽囚の身にて死なば、吾必ず一人の吾が志を継ぐの士をば、後世に残し置くなり」、「一誠兆人を感ぜしむと云ふは此の事なり」、「僕がこれに死ぬる所を黙して見て呉れよ」と松陰が述べた箇所に、黙霖は、「よみしとき毛髪迄《まで》竪《た》ちしなり。感じて泣くはこゝなり」と赤字を書き入れ、感銘を隠さなかった。

さらに松陰らしいフレーズがつづく。「征夷の罪悪を日夜口にせざるは大に説あり。今、幽囚して征夷を罵るは空言なり。且つ、吾一身も征夷の罪を諫めずして生を偸《ぬす》む。されば征夷と同罪なり。吾が主人も同罪なり。己の罪を閣《お》いて人の罪を論ずる事は、吾、死すともなさず」。ここに松陰独特の倫理的内向がある。

さらに黙霖の「一筆姦権を誅《ちゅう》す」という論理が松陰に受け入れがたいのは、それが「人の善に遷《うつ》り、過《あやまち》を改むるを塞《ふさ》ぐ道理」であるからだ。「人善に遷らず過を改めずんば、一筆姦権を誅すると雖《いえど》も姦権依然たり。朝廷、興隆の辰《とき》も期すべからざるなり」。

いくら弾劾しても、相手が自分の非に気づき、改めることがなければ、姦権はそのままであり、尊王の実は遂げられないという批判であった。

黙霖の「一筆誅姦権」の論理に、松陰は「一誠兆人（幕府大名より士農工商まで掛けて兆人と云ふなり——原文）を感ぜしむる」論理を対置する（八月十九日付）。これに対し黙霖は、「一筆の事も一人にして千万人にこたへるなり」と、やや論点をずらした赤字書入れをしている。これでは「一誠感兆人」とおなじ論理構造になる。松陰はそのように理解して納得した。しかし警戒してはっきり言わなかったとはいえ、倒幕論を内に秘めた黙霖の論理はそこにはなかったはずである。

黙霖の尊王倒幕思想の根底には、百年近く前の明和事件に刑死した山県大弐《やまがただいに》の名分論的な尊王理論が横たわっていた。大弐はその著『柳子《りゅうし》新論』において、人びとが欲望に従って奪いあい殺しあう人間の原初状態（ホッブズ社会契約説のいう「自然状態」に相当する）のなかから「傑然たる者」が登場し、この弱肉強食状態を解消し、人びとそれぞれに相応しい場をあたえて秩序を形成した、と説いた。この「傑然たる者」こそ日本においては天皇であることを示唆し、その営為の根本は「安民」であるとした。

記紀神話に由来する国体論に比較して、より社会哲学的な基礎付けがなされたこの尊王論によれば、現在の幕藩体制は「変」に処するための「武」が恒常的な権力を握り、本来の「礼楽」を損壊し、民衆が苛政に苦しむ状態であった。倒幕による王政復古が要請される所以であった。

当然禁書である『柳子新論』はひそかに筆写本のかたちで読み継がれ、黙霖はその数少ない継承者の一人であった。松陰もおそらく黙霖に借覧して、翌九月にこの革命的な書物を読む機会を得た。月性に「聾僧、黙霖、平門に之《ゆ》くを送る」という詩があり、その一行目に、「九重の淵底に蟄龍《ちつりよう》、蟠《わだか》まる」とある。蟄龍とは、静かに潜む龍のことで、時機を得ない傑物の隠喩であった。黙霖は深い淵の底で、倒幕の日をじっと待っていたのである。

松陰はすぐさま倒幕論に鞍替えはしなかったけれども、ある重要な一点において黙霖に「啓発」された。「天朝を憂へ、因《よ》つて遂に夷狄《いてき》を憤る者あり、夷狄を憤り因つて遂に天朝を憂ふる者あり。余幼にして家学を奉じ、兵法を講じ、夷狄は国患にして憤らざるべからざるを知れり。爾後偏《あまね》く夷狄の横なる所以を考へ、国家の衰へし所以を知り、遂に天朝の深憂、一朝一夕の故に非ざるを知れり。然れども其の孰《いず》れか本、孰れか末なるは、未だ自ら信ずる能はざりき。向《さき》に八月の間、一友に啓発せられて、矍然《かくぜん》として始めて悟れり。従前天朝を憂へしは、並《みな》夷狄に憤をなして見を起せり。本末既に錯《あやま》れり、真に天朝を憂ふるに非ざりしなり」（「又読む七則」、安政三年）。

なぜ「一友」と言って、黙霖の名を出さなかったのか不明だが、ともあれ、兵学的思考で突き進んできた松陰は、ここで国体論（脱水戸学的国体論）的思考へと舵を切ろうとしていた。

この後、黙霖は松陰の前から姿を消し、安政六年、「黙霖死す」との誤報を松陰は信じたまま、その激烈な人格を追悼しつつ、刑死した。しかし黙霖は幕末を生き抜き、明治維新後は還俗し、楠正成を祀った湊川神社の神職などを務めたあと、著述に打ち込み、明治三十（一八九七）年に没した。

2　皇民はみな対等である

獄中のほのかな恋情

話はすこし遡るが、松陰が安政元年十月に入獄した際にただひとり女性の囚人がいた。五年の暮に再入獄したときにもまだ在獄していた。名を高洲《たかす》久子といい、藩士の妻であったが、夫の死後、素行上の罪を負って、投獄された。安政元年に三十七歳、在獄二年であった。この一回り年長の女性と松陰とのあいだに、ほのかな恋情が交わされたのではないか、といった推測がさまざまな伝記のなかに語られてきた。

松陰の伝記に登場する家族以外のほとんど唯一の女性と言っていいので、想像をたくましくしたくなるのは、当然かもしれない。とはいえ、資料は松陰の文章のなかのほんの数箇所にすぎない。

久子は松陰の獄内教育に協力し、句会や歌会などに参加した。作品は、『賞月雅草』、『獄中俳諧』、

『冤魂慰草』に収録されている。

久子との交流を物語る松陰自身の和歌三首がある。全集編者がどの書にも未収録の作品を集めて編んだ『詩文拾遺』に収録された。

「　高州未亡人に数々のいさしをものがたりし跡にて

清らかな夏木のかげにやすろへど人ぞいふらん花に迷ふと

　未亡人の贈られし発句の脇とて

懸香《かけごう》のかをはらひたき我れもかなとはれてはぢる軒の風蘭

　同じく

一筋に風の中行く蛍かなほのかに薫る池の荷《はす》の葉　」

松陰は久子にいろいろと話をしたあと、「夏木のかげ」に安らぐ気分になった。下の句の「人ぞいふらん花に迷ふと」は弁解めいていて、たしかに怪しい。二首目も匂い袋の香に惑わされた風情である。蛍の一筋の光が視覚的、そして蓮の香りが嗅覚的な隠喩を形成する三首目も、久子に魅せられた様を物語っている（一首目の「いさし」は、岩波普及版、大和版ともに、「いさをし」となっているが、田中彰の指摘にしたがって、「いさし」とした）。

ここには珍しく「忠」も「孝」もなく、「誠」もなにやらはにかむばかりである。フィクショナルな恋を歌に表現する趣味など松陰にあろうはずもないから、やはりこれはほのかな恋情と受け取っておくべきだろうか。プラトニックというよりは、むしろシンボリックな恋情が松陰に芽生えていたのかもしれない。

全集を見ているかぎりでは、せいぜいこれくらいのことしか言えない。だが幕末史家の田中彰は、二人の交流にさらに重要な要素を読みこんだ。高須久子がそもそも野山獄に繋がれた罪状は、夫の死後、孤閨《こけい》を守らずに、不義密通をはたらいたのが原因と言われてきた。田中はそれがどのような「不義密通」であったかを調査し、松陰にも関わる新たな事実を突き止めたのである（『松陰と女囚と明治維新』、一九九一年）。

もともと三味線好きだった久子は、夫亡きあと、それが昂じて、三味線弾きや人形遣いの被差別部落民の男たちを家に出入させた。次第に祭礼などのハレの日だけでなく、ふつうの日にもかれらと接触し、とくに贔屓《ひいき》にした二人の男は家に上げて食事をさせたり、遅くなったときには家に泊めたりもした。相手が被差別部落民であったために、たんなる不義密通を越えて、罪状が加算されたというのである（ちなみに久子は、母と娘二人、不在がちの婿養子と同居していた）。

琴ではなく三味線を好んだところにも見られるように、囚われのない奔放な性格であったことが、久子に災いした。久子は藩府の取り調べに対して肉体関係は否定したけれども、被差別部落民を家に上げること自体が、当時の武家社会では大変なスキャンダルであった。

このように被差別部落民を差別せず、音曲の世界の同好のひととして、フランクに付き合った久子の解放性を、田中は高く評価した。そしてこの被差別部落民に対する久子の態度に、松陰は強く動かされ、その姿勢に共感し、以下に述べる『討賊始末』執筆につながったと考えたのである。

しかし松陰と久子の交流のあとは、わずかに俳句と和歌のやりとりに見られるだけである。もし松陰が思想的にそこまで踏み込んでいたのであれば、他の文章のなかにその兆候が現われて不思議はない。

相手が女性だから、対象が被差別部落だから、という理由は成り立たない。二人のあいだに疑われる関係は当然なかったし、『討賊始末』ではおなじく差別された「宮番」に属する女性の敵討ちを正面から扱っている。つまり松陰の側に、久子から触発された心の動きを秘匿する理由はないのである。

松陰の思想を近代以降の女性解放思想や部落解放運動につながるものとして評価するのは、いささか無理があるのではないか。松陰はたしかに女性に丁寧に接したけれども、基本的な女性観はきわめて保守的なものであり、フェミニズムの嚆矢と言えるような要素はまったくなかった。

また安政五年の暮から翌六年の春にかけて、過激化する師を敬遠する門下生に宛てた手紙などのなかに、何度も「姦（奸）婦賊子」という言葉を吐いている。例えばこんな具合だ。「扠《さ》て僕は元来右等世界へ瘂面《あばたづら》を出すべき男に之れなき罪人なれば、野山獄にて奸婦賊子と肩を駢《なら》ぶべき筈の人なり」、「野山獄囚姦婦賊子の伍たる吉田寅次郎が如きは公等必ず交友の末に措《お》くことなかれ」（安政六年三月二十九日付小田村伊之助・久保清太郎・久坂玄瑞宛）。

「姦婦賊子」は常套語であるし、ここは開き直って悪態をついている場面だから、この「姦婦賊子」も逆説的に使っているのかもしれない。しかし野山獄に姦婦といえば後にも先にもたった一人しかいない。思い入れのある女性であれば、姦婦と呼ぶことにためらいを見せてもおかしくない。あるいはためらいを感じぬほどに久子を同志とみなしていたということだろうか。考えにくい想定である。

松陰の思想のラディカリズムは、自分にあたえられた思想の足許を徹底的に掘り起こすことのなかにあった。その果てに生まれた新しい思想は、近代の自由や人権に基づく社会思想に直結するようなものではなかった。そこに逆説的に、松陰思想の思想史的な大きな意味があったと私は考える。先に進めながら見ていこう。

義挙ゆえに――『討賊始末』

松陰の生涯のなかに、じつはもう一人の女性が登場する。こちらはかなり怖い婆さまである。名を登波《とわ》といった。藩の文教政策の一環として、安政三（一八五六）年に藩主が三人の女性の孝義を表彰した、そのなかの一人である。

松陰は翌四年、大津郡の代官であった周布政之助《すふまさのすけ》に依頼され、登波を顕彰する碑文「烈婦登波の碑」を執筆した（周布がその後転勤したため、建碑が実現したのは六十年後の大正六年のことであった）。それだけでなく、『討賊始末《とうぞくしまつ》』（安政四年）と題する史伝を異常な精力を注いで書き上げた。江幡五郎の場合もそうであったように、松陰は敵討ちに異様な興奮を覚える質《たち》であった。以下の叙述はすべて『討賊始末』（附録の「烈婦登波の碑」を含む）による。

対象となった出来事は、天保十二（一八四一）年まで遡る。その発端はさらに遡り、文政四（一八二一）年に起きた殺人事件であった。登波はこの時、大津郡にある山王社《さんのうしや》という神社の宮番《みやばん》を務める幸吉の妻であった。宮番は神社の清掃や警備にあたった被差別民で、捕吏を兼務した。

この年の冬、枯木龍之進（自称）という幸吉の妹の夫であり、剣術と占いで生計を立てていた男が、離縁話のもつれから、自分の妻とその兄の幸吉、登波の実父と弟の四人を殺傷して逃亡するという事件が起きた。幸吉は一命を取り留めたが、三人は命を落とした。

登波は重症の夫の看病に努めたが、復讐の思い消しがたく、文政八年二十七歳のときに、夫の許しを得て復仇の旅に出た。追跡の足取りは津軽にまで及んだ。路銀をほとんどもたない乞食同然の旅であったと思われる。

最初の数年は手がかりもなく、三十三歳のときに、常陸筑波郡若柴宿の百姓市右衛門の家に止宿中に発病し、百日余り病床に伏せた。快気後、上総・安房などを巡ったあと、また若柴に戻り、先だっての礼奉公として、百姓仕事を手伝って一、二年を過した。

この家に亀松という次男があり、登波より十五歳ほど年少であったが、登波の意気に感じ、助太刀をしたいと申し出て、以後登波の旅に連れ添った。

家を出てから十二年、ついに龍之進が修験道の道場として知られる豊前の英彦山《ひこさん》に潜んでいることを突き止めた。登波は夫幸吉に知らせるためにいったん帰宅したが、幸吉もまた登波のあとを追って家を出たまま、その行方は知れなかった。

居所の分かった敵を逃してはならぬと、登波と亀松は英彦山に向かった。だが追ってきた代官所の役人に馬関（下関）で引き止められ、在所に戻された。藩府の裁定は、登波の敵討ちを許さず、亀松には「不義密通者」として帰国を命じた。亀松の任侠の気持ちがまったく認められなかったことに、二人は不満を抱いたものの指示に従った。

代わりに藩吏が派遣され、四年後にようやく龍之進を逮捕した。しかし龍之進は自害したため、その晒し首に登波は斬りつけ、長年の復仇の思いを果した。これが天保十二年のことである。

余談だがこのあたり、娘が許婚者《いいなずけ》の助けを得て父の仇を討つ文楽・歌舞伎の人気演目「英彦《ひこ》山権《さんごん》現誓助剣《げんちかいのすけだち》」を連想させる。

藩はそれから十五年後の安政三年に登波を表彰し、翌四年に登波を宮番身分から「良民」に昇格させた。

『討賊始末』は、資料を克明に当り、資料にないことはいっさい書かない文献実証主義の見本のような作品である。松陰特有のパセティックな筆致は極力抑制された。

松陰はこの仕事に打ち込み、執筆した夏のひと月間、村塾の授業を休講し、面会も謝絶した。被差別階級の、それも女性が、人生を懸けてひたすら親兄弟の敵討ちに邁進し、ついに本懐を遂げるという義挙に、松陰はよほど心を動かされたのである。事績を作品化することによって、頽廃した世の中を覚醒し、人々の範にしようと松陰は考えた。しかしこれは手放しで顕彰できるような話なのであろうか。

作中にはいくつか引っかかる箇所がある。（1）他家に嫁いだ女性が、なぜ実父と弟の敵討ちにそれだけ打ちこんだのか。イエ制度の下では実家より嫁ぎ先を優先する通念があったはずである。（2）快方に向かっていたとはいえ、なぜ重症の夫を置いて出かけたのか。父親への孝のために、夫への思いやりを損なってはいないか。（3）二十年に及ぶ路銀はどこから得ていたのか。

松陰はみずからの感想を抑制したけれども、資料に書かれたことについては、いっさい隠ぺいした形跡はない。公文書に「不義密通」とあれば、そのまま「不義密通」と記録した。ただし執筆にあたって、気にしていたことがなんだったのか、それを窺える書簡が残されている。宛先は不明だが、調査を依頼した知人であろう。

最初に、疑問点が十二項目にわたって箇条書きにされている。その五番目、「三人遭害の時、と素《もと》より家にのこり居たるなるべし。此の時夫幸吉を迎へに自身参りたるや、大変はいつ何より承りたるか」。登波の夫への気持ちのありようを質しているのである。

十番目では、登波と亀松の「密通」がいつから始まったのか、細かく問い合わせている。当然とはいえ、松陰のなかでも、この「密通」が論理づくりのネックになっていたはずである。夫を裏切る「密通」があっても、敵討ちは義挙とされるのか。

ふつうに考えれば、登波は夫との関係が疎遠で、父親や弟にはつよい執着を示す心理の持ち主であったのだろう。帰国後に、夫は石見《いわみ》の津和野《つわの》あたりで病死したという情報があった。不確かな情報だったので登波はそのままにした。だが夫への思いが強ければ、さほど遠くない津和野である、すぐに駆けつけたことであろう。仇の行方なら、どんなに不確かな情報にも跳びついていたはずであった。

松陰の門下生、松浦松洞が登波の肖像画を描いたときにその話を聞き、「加程《かほど》の貞烈の婦として夫の死所を失《そ》れなりにして置くことは何如《いか》に」と詰った。登波はすぐさま調査に出かけ、その結果、人違いであったことが判明した。

松陰は松洞の一言でただちに石見に走った登波を称揚したけれども、むしろそれまで放置していたことに、心の一端が知られるではないか。

安政三年の九月十六日、登波は夫探索の途次、杉家に立ち寄り宿泊した。松陰は登和の話を直接に聞き、原稿を改稿した。その折の印象を松陰はつぎのように留めている。「登波寡言沈毅、状貌猶ほ丈夫のごとく、利匕首《りひしゅ》を懐にし、起臥暫時も離さず」（「烈婦登波の書に跋す」、安政四年）。懐にした匕首《あいくち》は仇を追った旅の心得のままなのか、あるいは気性そのものを現わしているのか。

松陰は、登波を被差別民だからといって差別したりはしなかった。むしろその義挙ゆえに顕彰したのである。前述したように、松陰は士農工商における士の責任を痛感していた。しかし身分制度そのものに疑いをもってはいなかった。おなじく被差別階級に対しても、差別構造そのものに疑問を呈した痕跡はない。

藩府が登波を「平民一統」とし「良民」に列したことに対して、松陰は、「嗚呼《ああ》、是れ登波の栄のみならず、実に政府の美事と称すべきなり」と感激した。残された非「良民」に眼はそそがれなかったのである。だがここでは、だれがなしても義挙は義挙であると評価できた感性にむしろ注目しておくべきだろう。

下田から江戸に檻送される途上に出会った被差別民の青年たちに対しても、松陰はじつに好意的なまなざしを振り向けていた。かれらに気力があり、松陰の話に熱心に耳を傾けたからである。

松陰は安政五年の暮に再投獄された際、この『討賊始末』の成稿、あるいは少なくとも碑文の案文を持参した、と田中彰は指摘している。この文章を久子に見せるため以外に、理由は考えられない。みずからの欲望にしたがって、身をもって差別の構造を突き崩した久子に、登波の行為はどう映じたのであろうか。

安政六年松陰が江戸に檻送されるに際して、久子は餞別として「汗ふき」を贈った。その返礼に松陰が詠んだ一首、「箱根山越すとき汗の出でやせん君を思ひてふき清めてん」、そして「一声をいかで忘れん郭公《ほととぎす》」の句に、いますこし思想的なニュアンスを読み込むべきかもしれない。

登波はみずからの執念にしたがって、被差別者に対する通念を打ち破った。武士階級の模範とすべきことを、被差別階級の一員であるにもかかわらず、遂行したのである。だから藩は顕彰し、松陰は紙碑を建てた。

藩の論理は、被差別民でもなしたことを、藩士は模範とせよ、ということであっただろう。松陰の場合には、被差別民であるにも「かかわらず」という発想の基盤に、かれらもすべて「聖人」になり得るし、「皇民」であるのだという、つよい論理が横たわっていた。

松陰以前にも、儒学や心学のなかに、士農工商は職分の違いであり、人間の尊卑においては同等であるとする人倫観が表明されていた。しかしそれは封建社会を前提にした考え方であった(相良亨『誠実と日本人』、一九八〇年)。直接耕作者の立場から封建支配を批判した安藤昌益のような存在は、まったくの例外であった。

松陰の場合には、「皇民」というこのカテゴリーによって、武士から被差別民に至る下位カテゴリーはすべて無化される。それはたしかに解放への大きな一歩ではあった。その一歩をどう評価するか、終章でさらに考えてみたい。

松陰没後、長州藩の諸隊のなかには、被差別民によって構成された「維新団」、「一新組」、「山代《やましろ》茶筅中《ちゃせんちゅう》」という三つの分隊がつくられ、それぞれ第二次幕長戦争のなかで力を奮った。

そのプランを建言したのは、「三無」のひとり吉田稔麿《としまろ》（栄太郎）であり、一新組の司令は村塾に学んだ冷泉雅二郎であった（前掲『松陰と女囚と明治維新』、一坂太郎『吉田稔麿　松陰の志を継いだ男』、二〇一四年）。師の思想をかれらは実践に移したのである。

第五章　幽室の行動者——雄略案と要撃策

1　松陰は侵略主義者か

条約下の海防

第二章で、松陰はなぜ海外に渡ろうとしたのか、そのモチーフを検討した。野山獄幽閉直後に執筆した『幽囚録』では、襲い来る米欧列強に対して、まず敵情偵察する必要が強調された。そのために、松陰みずからが間（スパイ）としてアメリカに渡ろうとしたのであった。

また国体の本来の姿は、ただ鎖国して身を守るのではなく、国として独立し、海外に雄飛することであることが説かれた。

この章では最初に、幽室のなかで松陰がこの雄略の構想をどのように発展させていったのか、跡づけていきたいと思う。

松陰が対外的な危機感をつよく自覚したのは、十六歳のときだった。まだ大次郎と名のっていた弘化二（一八四五）年のこと、山田亦助《またすけ》のもとで長沼流兵学を兼修するために自宅を訪ねた。亦助は開口一番つぎのように語った。

「近時欧夷日に盛にして、東洋を侵蝕す。印度《インド》先づ其の毒を蒙り、而して満清《まんしん》継いで其の辱《はずかしめ》を受く。余焔未だ熄《や》まず、琉球に朶頤《だい》し突いて崎嶴《きいく》（長崎）に来る。天下の人士、方《まさ》に心を痛め首を疾《や》み、防禦を以て急務と為す、殊《わけ》て知らず夷の東侵する、彼れ必ず傑物あるを。傑物の在る所、其の国必ず強し、国強ければ敵なし。将《まさ》に長策を振ひ雄略を立てんとするには、人をして己れに備ふるの遑《いとま》あらざらしむ、何ぞ区々防禦と爾《しか》云はんや。維《おも》ふに我が神州は万国の上游《じょうりゅう》に屹立するも、古より威を海外に耀《かが》やかせし者、上は則ち　神功、下は則ち時宗・秀吉の数人のみ。吾子（あなた）年富み才足る、激昂以て勲名を万国に建つる能はざれば則ち夫に非ざるなり」（「含章斎山田先生に與ふる書」、安政五年）。

　欧米の侵略の刃がインド・清帝国を経て、着々と日本に向けられている。それに対抗するためには、ただ防禦しているだけでいいのか。敵方の侵攻の背後には英雄的人物の指導力があるはずだ。こちらにも神功《じんぐう》皇后や時宗《ときむね》・秀吉のような英雄が現われなければならない。この長沼流の兵学者の訓示は、松陰の脳裏に刻み込まれた。

　亦助は単純な攘夷主義者ではなかった。古賀侗庵《とうあん》（古賀謹一郎の父）の『海防憶測』をひそかに印刷し藩内に配布した罪で、嘉永五（一八五二）年には藩から閉居を命じられた。『海防憶測』はアヘン戦争の直前に積極的開国論を唱えた先駆的な書物であった。しかし亦助は安政五（一八五八）年に藩政に復活し、以後、鑄砲・造艦を監督したが、元治元（一八六四）年の禁門の変のあと、藩内

「恭順派」のために斬首された。

亦助の攘夷論は、欧米の列強に備えるためには、それに対抗し得る洋式の軍事力が必要なことを主張した。またその根拠として、古代の雄略の記憶が呼び覚まされた。松陰の雄略思想の先駆をなしたのである。

松陰は日米和親条約調印のあと、下田踏海に失敗し、幽囚の身となった。では和親条約のもとで日本はなにをなすべきか、松陰はどう考えていたのだろうか。面白い文章が残されている。久坂玄瑞に宛てた手紙である。

第三章で見たように、久坂玄瑞が松陰に入門したのは安政四年の夏のことであった。だがその前に、二人のあいだに激烈な言葉の応酬が繰り広げられていた。どうしてそんなことが起きたのか。

玄瑞は安政三年に学術修業のために九州に遊び、その折に熊本の宮部鼎蔵を訪ねた。宮部が松陰に師事するようつよく勧めたので、玄瑞は帰国するとすぐに松陰に手紙を出した。かつて北条時宗が元の使者を斬ったように、アメリカの使者を即刻斬るべきだ、といった激越な文辞に彩られていた。

この年、アメリカのタウンゼント・ハリスが駐日総領事として下田に来航し、通商条約締結の準備に取り掛かっていた。このハリスを斬れと玄瑞は息巻いたのである。当然松陰の賛同を得られると思ったところ、あに図らんや、松陰の返事は頭から玄瑞を罵倒した。

「議論浮泛《ふはん》にして、思慮粗浅、至誠中《うち》よりするの言に非ず。世の慷慨を装ひ気節を扮《よそお》ひて、以て名利を要《もと》むる者と、何ぞ異《ことな》らん。僕深く此の種の文を悪《にく》み、最も此の種の人を悪む。僕請ふ粗《ほ》ぼ之れを言はん、兄幸に精思せよ」。

口先だけでスタンドプレイする名声狙いの偽者とお前はおなじだ、と容赦ない言葉が投げつけられた。使者もただ斬ればよいのではない、時機というものがあるのだ、と教えさとした。

「使を斬るの挙、これを癸丑《きちゅう》（嘉永六年）に施すは則ち可なり、これを甲寅《こういん》（嘉永七年・安政元年）に施すは則ち晩《おそ》し、而れども尚《な》ほ或は及ぶべし。乙卯《いつぼう》（安政二年）を過ぎて今日に至りては、則ち晩きの又晩きなり」（「久坂生の文を評す」、安政三年）。

黒船が来航した嘉永六年に使者を斬るのはよい。条約が締結された翌七年に斬るのはすでに手遅れだだが、まだ間に合うかもしれない。しかし安政二年を過ぎた今日に斬るのは、もはや遅すぎる。

玄瑞の反論に答えた二通目の手紙では、米・露に対して現在どう対処すればよいのか、松陰の考えを述べた。

「今や徳川氏、已に二虜（米・露）と和親したれば我れより絶つべきに非ず。我れより之れを絶たば、是れ自ら其の信義を失ふなり」（「久坂玄瑞に復する書」、安政三年）。武力の脅しによって結ばれた条約であっても、調印した以上は守らなければ国際的な信用に関わる。これは避戦論でも平和主義でもなく、松陰なりのリアリズムであり、国際ルール感覚であった。

もちろんただおとなしくしていろと言っているわけではない。この手紙にはつぎのような文章がつづく。

「今の計たる、彊域《きょういき》（国境）を謹み条約を厳にして、以て二虜を羈縻《きび》し（つなぎとめ）、間《すき》に乗じて蝦夷を墾《ひら》き琉球を収め、朝鮮を取り満州を拉《くじ》き、支那を圧し印度に臨みて、以て進取の勢を張り、以て退守の基を固めて、神功（神功皇后）の未だ遂げたまはざりし所を遂げ、豊国（豊臣秀吉）の未だ果さざりし所を果すに若《し》かざるなり」。

高らかな侵略宣言である。すでに前の年にも言っていた。インドまでは手を伸ばしていなかっただけで、まったくおなじ論法である。

「魯・墨（ロシア・アメリカ）講和一定す、決然として我れより是れを破り信を戎狄《じゅうてき》に失ふべからず。但《た》だ章程（法律）を厳にし信義を厚うし、其の間を以て国力を養ひ、取り易き朝鮮・満州・支那を切り随《したが》へ、交易にて魯国に失ふ所は又土地にて鮮満にて償ふべし」（安政二年四月二十四日付兄梅太郎宛）。

米・露に取られた損失は朝鮮・満州を侵略して補えといった戦略は、いまの我々から見ると、いかにも汚い。松陰らしくもない発言に思える。しかしこの種の発言は、これ以降しばしば出てくる。たんなる言葉の弾みではない。野山獄で書いた『幽囚録』にも、前述したように、その原型が示されていた。この節の後半で、これらをまとめて考えてみよう。

さて、条約下においては米・露との信義を厚くし、その間に国力を養なっておこうと松陰は言った。国力を養うには、海防と民政のふたつが両輪である。

「外患内乱常に相因《あいよ》ること古より其の例寡《すくな》からず、今更縷《る》叙《じょ》にも及ばぬ事なり。然るに今日外患の事誠に迫れり。人々皆海防海防と云はざるはなし。然るに未だ民政民政といふ人あるを聞かず。夫れ外患内乱必ず相因ることとなれば、海防民政兼《かね》挙ぐべきこと固よりなり」（嘉永六年九月十四日付兄梅太郎宛）。

九州遊歴の折にも、東北遊歴の際にも、松陰がつねに民生を重視していたことは、第一章で見た。民生（民衆の生活）のための民政、これこそ国を養う基本であった。

もうひとつ松陰が憂慮したのは、「人心の不正」であった。人びとの心さえ正しければ、たとえ戦いに敗れても、国は亡びない。近年、外夷に対して国体を失することが少なくないのは、幕府・諸藩の将士の心が不正で、国のために忠死しようとする気概がないからだと慨嘆した（『講孟余話』）。

ここでいう「不正」とは、賄賂をとったりすることではなく、国体に対する無自覚を意味した。今回の危機は「神州一同の大患」（同）であるのに、その自覚がないと、松陰は苛立っているのである。

ところで先の松陰の玄瑞に対する態度であるが、松陰は玄瑞の文章のなかに才気と気魄を見出していた。だからこそ、大いに挑発する作戦に打って出たのであった。さらに手紙を応酬した末に、玄瑞はようやく納得して入門した。松陰が年長者の見識を振り回していただけなら、玄瑞も承服しなかっただろう、やはり松陰の「誠」の力というしかない。

朝鮮侵出と国体

世界史を振り返ってみれば、どのような侵略のモチーフも、ただたんに軍事的・経済的欲望の発露であることはない。西欧の植民地獲得競争も、「文明化」の理念によって正当化されていた。アジアやアメリカやアフリカの野蛮な土人どもを、西欧の進んだ文明によって向上させてやろうという「高尚な」理念である。

松陰のように潔癖な人格が露骨な侵略思想を語ることができたのも、国体の理念によって侵略の意志が正当化されていたからである。鬼ヶ島に鬼退治に出掛けた桃太郎とおなじ健康さで、松陰はアジアの地図を眺めていた。だからこそ、「神州を興隆し四夷を撻伐《たつばつ》するは仁道なり」(『講孟余話』)とまで言うことができたのであった。

九州や東北を遊歴していた時代は、欧米列強に皇国が侵されるという危機意識が、若き兵学者の心を衝きうごかしていた。いわば専守防衛の意識であった。ペリー来航に際会すると、攘夷の意識が煮え立ち、敵情を偵察するための「用間」の必要がつよく認識された。その一方で国体の自覚が昂進した。

和親条約がその後イギリス・ロシア・オランダと締結され、当分戦端が開かれる可能性がなくなると、まず国力を充実させ、挙国一致の体制を整え、雄略の時を待つという戦略が選択された。否定的な状況を積極的な機会に転化しようという意図であった。

幽室の孟子講義では、従弟相手の気楽さからか、玉木彦介にこんな怪気炎も吐いていた。ただし駄法螺《だぼら》ではなく、本気である。

「余をして志を得せしめば、朝鮮・支那は勿論、満州・蝦夷及び豪斯多辣理《オウストラリ》を定め、其の余は後人《こうじん》に留めて功名の地となさしめんのみ、如何如何と」(『講孟余話』)。

松陰の世界地図はもっぱら侵略用であった。ついにアジアを越えて豪州もその候補になった。それだけではない、幽室の想像力は留まるところを知らず、ついに世界制覇にまで謀略をめぐらせた。

「余一間の室に幽閉し、日夜五大洲を并呑《へいどん》せんことを謀《はか》る」(同)。

その手始めが朝鮮である。たんに隣りにあるからではなく、朝鮮を服属させるのは、天朝を中心とした国体の本来に立ち返ることを意味していたからであった。

「三韓・任那《みまな》の諸蕃は、地脈接続せずと雖《いえど》も、而も形勢対峙し、吾れ往かずんば則ち彼れ必ず来り、吾れ攻めずんば則ち彼れ必ず襲ひ、将《まさ》に不測の憂を醸《かも》さんとす。是れ合はせざるべからざる者なり」（「外征論」、安政三年）。

このような地政学的な理由から、大和政権は朝鮮を攻めた。それが国体の本来として松陰に認識された。いま一度朝鮮を服属させなければならない。その具体的な一歩が「竹島」専有であった。誤解のないように先に言っておくと、江戸時代における「竹島」とは現在韓国領の鬱陵島（ウルルン島）のことであり、いまの竹島は当時、松島と呼ばれていた。ただし後出の安政五年七月の桂小五郎宛書簡では、「竹島・大坂島・松島」を合わせて竹島というと松陰は注記している。

安政五年二月に桂小五郎に宛てた手紙で、藩の医師である興膳昌《こうせんしょうぞう》蔵の竹島開墾策を紹介し、その策を実現するように勧めた。「（興膳昌蔵に）竹島開墾の策あり。此の段幕許を得、蝦夷同様に相成り候はば、異時明末の鄭成功《ていせいこう》の功も成るべくかと思はれ候」（安政五年二月十九日付）。

明の鄭成功が台湾を専有したように、長州藩も竹島を開墾して専有したらどうかという提案である。それはたんに竹島領有にとどまらない、「朝鮮・満州に臨まんとならば竹島は第一の足溜《あしだまり》なり」（同）。竹島を朝鮮・満州への前進基地にしようという戦術であった。

しかし桂への七月の手紙では、「元禄度朝鮮御引渡し」という取り決めがあるので、実現はなかなかむつかしいだろうと述べている。この取り決めとは、元禄年間に朝鮮と日本とのあいだに領有問題が発生し、元禄九（一六九六）年に、幕府が日本人の竹島への渡航を禁止することで決着を見たことを指している。「竹島一件」と呼ばれる紛争であった。

それでも松陰はあきらめない。無人島の竹島を開墾したいと朝鮮に掛けあえば、いやとは言わないだろう。もし「洋夷」が日本への前進基地にしようとしているなら、それこそ大問題である。またすでに専有されているなら、仕方がない。「開墾を名とし渡海致し候はば、是れ則ち航海雄略の初めにも成り申すべく候」（安政五年七月十一日付）。交易を始めればよいというのである。

このように国体論的な大義名分を得て、朝鮮に進出し、やがて世界に版図を広げていこうというのが、松陰の構想であった。古代日本は三韓を服属させていたという日本書紀などから得た知識によって、松陰は名分を獲得した。

たとえそれが歴史的事実であったとしても（現在の知識からすれば事実ではなかったが）、それは「事実」であって、すぐさま行動の理由にはなり得ない。だが松陰はその事実を名分にした。詭弁を弄したのではない、そう頭から信じたのであった。初めに名分ありき。松陰の雄略思想は大回転を始める。

さてここまでを見てくれれば、松陰という人物はかなり露骨な侵略主義者であったように思える。しかしこれまで「松陰」をタイトルに掲げた書物は、私の眼に触れたかぎりでは、著者の右左を問わず、一冊として松陰を侵略主義者として描くことはなかった。

松陰本の著者はみな松陰が好きなのである。こんなに多くの本が書かれている人物の場合、批判的な立場で書かれたものが交じって不思議はないのだが、松陰にはそれが当てはまらない。もちろん一冊単位でなければ、松陰を侵略主義者として批判した文章は少なからずある。戦後を代表する松陰論を書いた二人の対談において、かれらはそれらの批判に対して、つぎのように反駁している。

奈良本辰也「私は吉田松陰という人を理解する場合に、片言隻句を挙げつらうというのは意味ないと思いますね。たとえば彼は満州をとれ、朝鮮をとれといったというようなことを、大げさに取沙汰する。松陰の全集の中でたった一ヵ所しか出てこないようなことをね。（後略）」。

河上徹太郎「そうですよ、そんなことといっちゃああの人がかわいそうですよ。あんな偉い人を……。（後略）」（大和書房版全集第四巻月報「対談　吉田松陰の人間像」、一九七二年）

私も鬼の首を取ったように侵略主義者・松陰を批判する人は嫌いだが、それにしても松陰研究者である奈良本の発言は杜撰《ずさん》にすぎる。たった一か所の放言と言っているけれども、ざっと数えただけでも十か所を越える。

ではそれだけ多くの侵略発言をしていれば、まちがいなく侵略主義者なのであろうか。たしかにそのかぎりでは、侵略主義者である。だが松陰の朝鮮・満州・清国への侵出発言は、黒船来航とその結果としての和親条約への反動以外のなにものでもなく、国体論を根拠にする朝鮮侵出論も、その一環であった。

つまりみずからの国の独立権が脅かされているときに、リアクションとして発せられた侵略論にすぎない。したがってこの時点では、現実政治を動かす力などあるはずもなかった。現に唯一アクチュアリティのあった竹島問題でも、幕府は松陰やそれを取り次いだ桂小五郎の提案など、まったく取り合う気はなかった。条約締結問題で、それどころではなかったのである。

松陰侵略論者説の一人である吉野誠は、松陰の朝鮮侵略論を征韓論の原型とみなし、征韓論とは「国体論によって理念化された朝鮮侵略論」であると述べた（『明治維新と征韓論』、二〇〇二年）。たしかに思考の原型をつくった責任は松陰にあった。しかし松陰が幕末を生き延びたとき、明治初年の征韓論者として立ち現われたどうか、なんともいえない。

当時の地政学的・植民地主義的ゲームの論理から、松陰が自由でなかったのは事実である。鎖国という非侵略的な体制を米欧列強に打ち破られ、国の存立そのものが脅かされているときに、つまり侵略されるか、侵略するかというゲームの瀬戸際で、松陰は国の独立を確保するために、侵略主義的な言葉を吐いたのであった。

アジア諸民族はともに米欧列強による植民地化の危機の下にあるというアジア主義的な理念が、幕末の攘夷主義者には見られなかった。松陰もその例外でなかったことは、はなはだ残念ではある。

また『幽囚録』や『講孟余話』の段階では侵略主義者であったけれども、通商外交を提唱した「対策一道」（安政五年）の段階に至って、平和主義者に転身したという見方がある。だが通商を主張したからといって、にわかに平和主義に転じたとは言えない。「対策一道」における「航海雄略」の思想は、明治の富国強兵につながる議論であった。

ハリスの工作

さて安政三（一八五六）年八月に下田に来航したハリスは、通商条約の交渉に入るために、すぐに江戸入りを希望した。幕府はのらりくらりと引き延ばしにかかり、ハリスはとりあえず四年五月、下田奉行とのあいだに、和親条約の付帯協定である下田協約に調印した。これは和親条約の補足協定であると同時に、通商条約締結への前哨戦であった。

七月にはポーハタン号が下田に入港した。ようやくこの年十月二十一日に、ハリスは江戸城で将軍家定との会見を果し、大統領ピアスの親書を呈上した。老中首座の堀田正睦《まさよし》にも根回し工作を行なった。いま米国と先に条約を結び、条約の標準を設定しておけば、アヘン戦争で清国を屈服させたイギリス、そしてフランスに開国を迫られたときに、有利にはたらくと説得に努めたのである。

十二月四日から下田奉行の井上清直《きよなお》と目付の岩瀬忠震《ただなり》とのあいだに通商条約の交渉が始められ、翌安政五（一八五八）年一月十二日に協議を終了した。

この急ピッチで進められる交渉の成り行きを見て、松陰は村塾の教育に専念してばかりはいられなくなった。この年一月十日に月性に宛てた手紙に、松陰の新たな決意が語られている。

「幕府は弥々《いよいよ》墨夷《ぼくい》へ降参、属国を甘んぜられ候様相見え候に付き、各々毛利の称号の墨《ぼく》に汚《けが》れぬ工夫のみ夜白《よるひる》塾中に於て工夫仕《つかまつ》り候。六十四国は墨になり候とも二国にて守返《もりかえ》し候様仕《つかまつ》らでは日頃の慷慨《こうがい》も水の泡と存じ候」。

松陰にとって、通商条約を締結することは、アメリカに降参して、その属国になることを意味した。だから他藩が幕府に追随してすべてアメリカの属国になったとしても、長門・周防の二国だけは屈従してはならない、と訴えたのである。

翌々日は佐世八十郎に宛てて、「幕府も已に墨夷のコンシユル（ハリスのこと）に天下を任せられ、属国を甘んぜらるるよし」と嘆き、「安坐して居り候へば墨臣になるなり」と警告を発した。一月十九日に月性に宛てた手紙でも、前便と同趣旨の言葉を繰り返している。ただしこの時点では、条約の細部は松陰も知らなかった。

この後、幕府は異例の措置に出た。和親条約を幕府の一存で結んだように、これまで外交交渉は幕府の専断事項であった。しかし今回は勅許を得たうえで調印しようとしたのである。ここには諸大名の意向もはたらいていたけれども、勅許を得ることで、意に染まぬ調印にお墨付きをもらおうという幕府の目論《もくろ》みがあった。

これが裏目に出た。堀田老中首座は二月にみずから京に上り、朝廷の説得に取り掛かった。だが朝廷側の抵抗は予測をはるかに越え、とくに孝明天皇の攘夷の意志は強硬であった。

ここに、病弱の家定のあと、だれに将軍を継嗣させるかという将軍継嗣問題がからまった。御三《さん》卿《きょう》・一橋《ひとつばし》家の一橋慶喜《よしのぶ》か、御三家・紀州家の徳川慶福《よしとみ》かで、意見は大きく分かれた。保守派は家柄の慶福を推挙し、改革派は英邁の評判高く、水戸斉昭の嫡子である慶喜を推した。

この将軍継嗣問題がからんで、調印派と反対派とのあいだの駆け引きは錯綜した。結局三月二十日に、衆議の上再度勅裁をもとめよとする、実質上の調印拒否の勅答が下された。こうして条約調印は振出しに戻った。

堀田は四月二十日に江戸に戻ると、体制立て直しを図るために、越前福井藩主・松平慶永《よしなが》の大老就任を献策した。これに将軍家定は首を振らず、敵対派の工作が功を奏して、彦根藩主・井伊《いい》直弼《なおすけ》が四月二十三日に大老に就任した（大老とは必要に応じて老中の上に設置された特別職である）。

航海雄略の構想

幕府は四月二十五日に江戸城において、この勅答を御三家以下の各大名に提示し、条約調印の是非を問い、意見書の提出をもとめた。当時京都にいた久坂玄瑞と秋良敦之助からの連絡で、四月十一日にこの勅答のことを知った松陰は、すぐに「対策一道」という文章を書いた。ここには松陰の雄略思想のエッセンスが詰め込まれている。以下のような主旨である。

弘化元（一八四四）年にオランダ国王が使節を派遣して、世界の形勢を説き、開国を勧めたときには、開国に賛成する者は少なかった。しかし現在では、主戦論者は少なく、多くが和平を主張するようになった。

「夫れ戦を主とする者は鎖国の説なり、和を主とする者は航海通市の策なり。国家の大計を以て之れを言はんに、雄略を振ひ四夷を馭《ぎょ》せんと欲せば、航海通市に非ざれば何を以て為さんや」。鎖国していただけでは、力は委縮し亡びるだけである。

松陰ははっきりと鎖国攘夷を否定し、通市を提唱した。「神功の韓を平《たいら》げ、貢額（朝貢の額）を定め、官府を置きたまふや、時に乃ち航海あり、通市あり。徳川氏征夷に任ず、時に固より航海して通市せり」。神功皇后がまた引き合いに出されただけでなく、徳川政権も初期には航海通市していたことが指摘される。

その後平安な世がつづき、寛永十三（一六三六）年に幕府は航海と交易をすべて禁じてしまった。「然らば則ち航海通市は固より雄略の資にして祖宗の遺法なり、鎖国は固より苟偸《こうとう》（一時しのぎ）の計にして末世の弊政なり」。

ここまで言うのだから、松陰は条約を結んで開国しようというのだろうか。むろんそうではない。「今の航海通市を言ふ者は能く雄略を資《たす》くるに非ず、苟《いやしく》も戦を免かれんのみ」。通商を言う連中はただ戦争を避けようとしているだけで、戦争をも辞さない鎖国論者以下の手合いである。

幕府はアメリカの脅しに屈して、ただその言いなりになり、国体を顧みようともしない。なんたることか。アメリカが領事を置いたのは、我が国をほしいままに操縦するためであり、交易をするのは、我が民をその誘惑に引き入れようとするためだ。さらに教会を立てキリスト教を広め、商館を建てて人々を使用人にしようとしている。

条約を結び、戦争を避けようとする幕府の態度に、天子様は心配なさっている。だから幕府から我が藩主に問いかけがあれば、こう答えればよい。「天勅は奉ぜざるべからず、墨夷は絶たざるべからず」。

幕府は重ねて言うであろう、天勅は奉じなければならないけれども、すでに結んでしまった条約（和親条約）はどうするのか、破棄するわけにはいかないだろう、と。

アメリカに対して、幕府はこう言えばよいのである。条約（通商条約）は日本のためになるものだ、とあなたたちは言うけれども、現時点では日本のためにならず、天皇もお怒りだから、この際はいったん退去し、我々から貴国を訪問して返答するまで待ってほしい。

それでもアメリカがいろいろ理由を付けて去らないならば、もはや戦いに及ぶしかない。戦う名分はあきらかにこちらにあるのだから。

以上が前段の概略であるが、こういう議論が空言であることは、松陰も承知していた。そこで一気に具体策を提示する。

すなわち、上下を問わず人材を抜擢・育成し、巨艦を製造し操船を訓練する。この準備が整ったところで、朝鮮・満州・清国に進出し、広東・ジャカルタ・喜望峰・オーストラリアに領事館を設け、軍隊を駐屯し、交易の利益を獲得する。三年以内にこれをやってのける。ここで初めてカリフォルニアを訪問し、先年の米使節の労に報い、「和親の約」（実質的には通商条約の意であろう）をあらためて締結すればよいのだ。

これが松陰の新プランであった。鎖国をつづければ、国はますます弱体化するばかり。アメリカの言いなりで開国すれば、属国になるだけ。ではどうするか。軍事力を増強し、交易で経済力を増進したのちに、初めて対等な立場でアメリカと条約を締結する。

旧弊な鎖国論と卑屈な開国論をともに排し、積極的な開国論を唱えたのである。松陰にもはや夷を攘《はら》うという意思はなく、夷と対等に渡りあおうという主張であった。

松陰は、力点こそちがえ、「対策一道」と同趣旨の「愚論」、「続愚論」（ともに五月）という意見書を藩府に提出した。江戸から六月に戻った藩主も、「狂夫の言」（一月）、「対策一道」、「愚論」を読み、松陰の志を多とした。

また「対策一道」、「愚論」、「続愚論」は、梁川星巌を通して、孝明天皇の天覧に供された。松陰が感激に胸を熱くしたのはいうまでもない。

この頃、松陰はさまざまなかたちで通商の利を唱えている。九月下旬頃には、前年の堀田老中に対するハリスの説得内容に反駁する「墨使申立の趣論駁条件」という文章を書き、佐久間象山とのやりとりを回想しながら、独自の通商論を提起した。

「(ハリスの説く)交易の便利数条。其の中には尤《もっと》もなることもあり。然れども是れ等の処吾れ曾て象山師に聞くことあり、云はく、『出交易は可なり、居交易は不可なり』。余云はく、『国力強勢にて外夷を駕《が》駁《ぎょ》するに余りあらば、居交易も亦可なり、況や出交易をや。外夷の威勢に畏《い》懾《しょう》して已むを得ざるに出でば、出交易も亦不可なり、況や居交易をや。但《た》だ出交易は識見を広め、学芸を進むるの便あるのみ』。象山師之れを頷《うな》づく」。

交易それ自体で是非が論じられるべきではなく、そのあり方が問題であった。強制された交易は不可であり、こちらから積極的に交易に臨む場合には、大いに推奨されるというのが、松陰の交易論であった。

こうなると、朝廷の攘夷論と抵触するのは避けられない。安政六(一八五九)年の四月に象山の甥にあたる北山安世に宛てた重要な書簡のなかで、その点にも触れている。

「幸に上に明天子あり。深く爰《ここ》に叡慮《えいりょ》を悩まされたれども搢紳《しんしん》衣魚《いぎょ》の陋習は幕府より更に甚しく、但だ外夷を近づけては神国の汚《けが》れと申す事計《ばか》りにて、上古の雄図遠略等は少しも思召し出されず、事の成らぬも固より其の所なり」。

ここで松陰は天皇を別扱いにしているけれども、攘夷に関しては、天皇こそ急先鋒であった。松陰の攘夷論は明治の富国強兵を先取りする議論であり(「続愚論」のなかには、「富国強兵」という言葉も登場する)、ナショナリズムという共通点を除けば、もはや石頭の攘夷論とはまったく訣別していた。

2　過激プラン連発

日米修好通商条約調印

話が少し先まで来てしまったので、通商条約調印のところまで時間を戻したい。

安政五年四月に大老に就任した井伊直弼自身は国学の素養のある尊王家であり、個人としては勅許の必要をつよく感じていた。だがハリスの強硬にして老獪な交渉に押し切られ、井上・岩瀬の両全権に、勅許なしの調印もやむなしと伝達した。

こうして安政五年六月十九日、米国軍艦ポーハタン号の船上で、日米修好通商条約が調印された（松陰と金子重之助がアメリカに密航しようとして、必死の訴えをしたあの船上である！）。

この条約において、日米間の交易が初めて公認された。また下田・箱館に加えて、神奈川・長崎・新潟・兵庫が新たに開港され、外国人居留地も設定された。領事裁判権を認め、関税自主権をもたないという点において、不平等条約であった（なお七月にオランダ・ロシア・イギリスと、九月にフランスと、同様の条約に調印した）。

この結果を報告する奏聞書に五人の老中が署名し、宿次《しゅくつぎ》奉書（飛脚のリレー）という簡略な形式で、京都朝廷に届けられた。

調印四日後の二十三日には、堀田正睦と松平忠固《ただかた》が老中を罷免され、新たに鯖江《さばえ》藩主の間部《まなべ》詮勝《あきかつ》らが任命された。

水戸の老公斉昭、水戸藩主・徳川慶篤《よしあつ》、尾張藩主・徳川慶恕《よしたみ》、そして越前福井藩主・松平慶永の四人は、二十四日に急遽登城し、将軍継嗣・無断条約調印について大老井伊を問責した。また定例登城していた一橋慶喜も違勅を抗議した。しかし七月五日、かれらには逆に謹慎などの処分が下された。

将軍継嗣に関しては、六月二十五日に紀州藩主・慶福に決定したことが公表された。将軍家定は七月六日に亡くなった。

六月二十七日に、幕府から条約調印の奏聞書が簡略な形式で朝廷に届くと、孝明天皇は激怒し、御三家・大老・老中クラスのなかから、釈明に上京するよう勅命を発した。

松陰は七月十二日に藩府の前田孫右衛門に問い合わせて条約調印の事実を知り、憤激した。松陰が怒ったのは、たんに不平等条約であったからではなく、アメリカによってむりやりに国を開かされ、向こうの都合で条約を結ばされたからであった。

雄略の発想をもつ松陰にとって、通商そのものはまったく否定されない。問題はどちらが主導権を握るかであった。さらに勅意に反して幕府が調印したことは、尊王主義者としての松陰の許せることではなかった。

松陰は前田孫右衛門に藩としての対応を問い、さらに「大義を議す」（七月十三日）と題した意見書を書いて、藩府に提出した。

「墨夷の謀は神州の患たること必せり。墨使の辞は神州の辱《じょく》たること決せり」と前提を述べたあと、そのアメリカに媚《こ》び諂《へつら》い、国辱を顧みず、勅命を奉じない幕府を激しく攻撃し、「これを大義に準じて、討滅誅戮《ちゅうりく》して、然る後可なり、少しも宥《ゆる》すべからざるなり」と、幕府討伐を主張した。

「征夷《せいい》は天下の賊なり。今措《お》きて討たざれば、天下万世其れ吾れを何とか謂はん」とも言い切った。

これはただちに討幕を意味したわけではなかった。藩には「征夷」（将軍）に対する二百年の恩義があるのだから、何度でも忠告し、勅命に従うよう勧めなければならない。天朝も幕府が悔悛すれば、罪をそれ以上追及しないだろう。我が藩は天朝と幕府のあいだに立って、調停に努めるべきである、と松陰は説いた。幕府の非は責めるが、幕藩体制は前提にしていたのである。

つづいて書いた「時義略論」（七月十六日）という意見書では、もう少し具体案を示した。京都は地の利を得ないから、天皇には比叡山《ひえいざん》に臨幸していただき、守備を固め、御三家と大老をそこに召喚して、幕府の失策を丁寧に説諭する。

幕府は反逆するであろう。「逆節（反逆）あるの日は、即ち四方義兵争ひ起るの会なり」。天朝は情理を尽くして幕府の改心を説く、それでも幕府が反逆したとき、はじめて討幕の機会が訪れるというのだ。

討幕それ自体が目的ではなかった。幕府が勅命に従い、悔悛し、国を挙げて米欧列強に対峙するならば、それが松陰にとっては最上であった。それがかなわないときにはじめて、討幕という次善の策に打って出るのである。

この頃京都では、尊攘派・旧一橋擁立派があらたな朝廷工作に動いていた。梁川星巌・梅田雲浜という京都の志士、日下部《くさかべ》伊三次《いそうじ》、西郷吉之助《きちのすけ》といった在京の薩摩藩士、そして鵜飼吉左衛門《うがいきちざえもん》ら在京の水戸藩士たちは、斉昭らの処罰撤回、井伊の辞任などを目標に、攘夷派の公家に運動し、ついに八月八日に水戸藩に宛てた勅書が下された。世にいわゆる「戊午《ぼご》の密勅」である。

勅書は勅答に反する条約調印と斉昭らの処罰を難じ、幕府から諸藩に至る衆議の徹底をもとめた。幕府は禁中並公家諸法度《きんちゅうならびにくげしょはっと》において、朝廷と諸藩とが直接交渉することを固く禁じていたから、この勅諚はまったくの異例であった。

また別紙には、御三家をはじめ薩摩・長州など十三の藩に対しても、この趣旨を伝達するように書かれていた。勅書は鵜飼の息子・幸吉によって、十六日に小石川の水戸藩邸に届けられた。幕府に同文の勅書が下されたのは十日のことであり、水戸にも勅書が下されたことが添書きされていた。これで幕府の面目はまったくつぶれた。

水戸のなかでは、御三家・御三卿を越えて諸藩にまで伝達するか否かで意見が分かれ、分派抗争が起きたが、次第に勅諚の内容は、さまざまなルートを通じて、各藩に伝えられた。

萩に密勅の速報が届いたのが八月二十一日、内報も二十四日に着いた。松陰はこれより早く十八日に、京に派遣していた門下生から密勅の写しを受け取った。

松下村塾は夏から臨戦態勢に入っていた。八月一日には長州藩重臣である周防戸田の堅田《へた かただ》家の壮士二十六人が遠路村塾を訪れ、銃陣を学んだ。これに刺激された門下の兵学生が城外大井浜で山鹿流の操練を行なった。松陰が計画し、門下の飯田正伯《しょうはく》が指揮した。

しかしいまにも出撃できる体制を整えた松陰の村塾と、密勅をめぐる対応の検討に時間のかかる藩府とのあいだに、次第に溝が出来つつあった。焦った松陰は、九月九日に江戸にいる門下の松浦松洞に手紙を送り、最初のテロ計画を示唆した。

紀州藩付家老《つけがろう》（幕府から派遣された家老）の水野忠央《ただなか》暗殺の計画である。当時松陰は、この水野が堀田正睦・松平忠固に違勅調印をやらせ、形勢が悪くなると二人を罷免、間部を出して天朝を脅しつけ、さらに井伊をも裏で操っている黒幕と睨んでいた。

したがって狙いは水野一人。殿中で斬り捨てるのが上策、屋敷を襲うのが中策とされた。中《なかの》大兄皇子《おおえのみこ》と中臣《なかとみのかまたり》鎌足をあきらかに意識していた。「入鹿《いるか》（蘇我入鹿）を誅した事実を覚えて居る人は一人もなきか。水戸には立派な大日本史がある、出して見給へ」。

この暗殺が成功すれば一件落着であった。「一夕《いっせき》は入鹿を誅し、直足《ちょくそく》にて登営、入鹿の罪を明白に書き立て将軍へ呈し、前の八字（首領を滅ぼしたあとは加担者の罪は問わない、という書経の言葉）の意味を合せ天下へ大令を発すべし。天下は一夕に定まるに〳〵」。討幕論はここではまったく影を潜めた。

この水野黒幕説が早とちりであったことはのちに判明するが、それくらいなにかに踏み切らずにはおれない心境であった。松陰の実践計画にテロルという手段が浮かび上がってきた。

この計画は松洞が乗らなかったため不発に終わった。松陰は松洞がもしこの計画に不同意ならば、来島《きじま》又兵衛・尾寺新之丞・高杉晋作・半井《なからい》春軒・入江杉蔵・吉田栄太郎などの同志に見せるよう文中で指示しているが、見せたかどうかは不明である。

以後松陰は矢継ぎ早に過激行動計画を繰り出し、それに付いていけない門下生たちとのあいだに、次第に亀裂を深めていった。

「安政の大獄」とその反撃策

新たに老中に就任した間部詮勝が上京し、条約調印を朝廷に釈明することは七月のうちに決定していたけれども、実際に間部が京に着いたのは九月十七日のことであった。上京目的も、調印拒否・一橋擁立のために朝廷の内外で策動した分子を弾圧することに比重が傾いていた（間部がようやく参内し条約勅許を奏請したのは、翌十月二十四日のことである）。

大老井伊が指示し、その懐刀である長野主膳《しゅぜん》が指揮した「安政の大獄」がすでに始まっていたのである。密勅に関わった尊攘志士・近藤茂左衛門が九月五日に、梅田雲浜が七日に、それぞれ逮捕された。梁川星巌はその前にコレラで急死した。

間部着京の翌日には、密勅に関連した水戸藩京都留守居役の鵜飼吉左衛門・幸吉の父子が逮捕され、つづいて頼山陽三男で儒学者の頼三樹三郎《らいみきさぶろう》、鷹司《たかつかさ》家家臣の小林良典《よしすけ》らが、相次いで逮捕された。

江戸では、尊攘志士の飯泉《いいいずみ》喜内《きない》、薩摩藩の日下部伊三次らが九月に捕縛され、一橋擁立に動いた越前藩の橋本佐内も十月に囚われた。薩摩の西郷吉之助と京都清水寺の僧月照《げっしょう》は鹿児島まで逃走し、錦江湾に入水自殺したが、西郷だけが生き残った。

京都で活動していた久坂玄瑞と中谷正亮は、九月の上旬に攘夷派の公家として盛名の高い大原重徳《しげとみ》に面会し、攘夷説得のために長州に下向する意志のあることを確認した。

これを受けて松陰は、九月二十七日に「時勢論」を執筆し、また翌二十八日に大原に宛てて長州下向を依頼する手紙を書いて、上京する伊藤伝之輔《でんのすけ》に託した。

「時勢論」はこの危急存亡の時にあたって諸藩のまったく頼りにならぬことを指摘し、天朝がいま英断をもって立ち上がらなければ、神州は夷狄の所有に帰すだろうと論じた。「勿体《もったい》なけれども後醍醐天皇隠岐《おき》の出でましあればこそ、天下の義兵一同に起りたり」。

「建武の御中興」が目標であった。天朝が後鳥羽・後醍醐両天皇のごとく勅を降せば、楠正成・新田《にった》義貞《よしさだ》のような忠臣義士が参集することはまちがいなく、そこで外夷撻伐《たつばつ》の正義を打ち立てていただきたい、と説いたのである。この機会を逃せばどうなるか。

「終《つい》に　天朝に心を帰する者ありとも、志を抱きながら老死致し、甚しきは奸吏の手に入り、囚奴となり、戮死《りくし》となり、終に恋闕《れんけつ》（天朝を思う切なる心）の志も日を逐《お》ひて薄く成り行くなり」。「草莽」から「天朝」に対する脅しと言ってもよい激烈な文章であった。

手紙の方では、勅が下れば立ちどころに四、五藩くらいが応ずるだろうし、長州藩では自分が周旋し、九州からも徴募したいと述べた。万一失敗したとしても、自分の同志三十人や五十人は討ち死にして、勤王の先鞭をつけると確約した（「大原卿に寄する書」）。

天皇が攘夷の御旗を立て、藩を越えた忠臣義士が参集するという挙兵計画であった。一君の下に、義において対等に結びついた志士が結集する構図がここに描かれていた。攘夷が目的ではあるが、いわば安政の「御中興」であることは明白である。

この大原三位《さんみ》を長州に下向させる計画は、しかし京都藩邸で阻まれ、手紙は没収されたため、

「時勢論」だけが大原のもとに届き、実現には至らなかった。その後、入江杉蔵が江戸から萩に飛脚として帰る途中に、京で大原父子に会い、父重徳から「七生報国」の書を松陰宛に託された。これが村塾に掲げられていた書軸であろうか。

帰国した入江から父子の「御忠憤」の様子を聞いた松陰は、早速大原に手紙を書き、同志の白井小助を上京させるから、同道の上、西下するよう依頼した（十月二十一日付）。これも白井が上京できず実現しなかった。

水野暗殺計画につづき、この大原西下計画もひとまず未遂に終わった（十二月に再燃する）。両計画のあいだに、安政の大獄がはさまったために、幕府に対する対応は百八十度変わったと見ていいだろう。

十月の初旬にかつての門人赤根《あかね》（赤禰）武人《たけと》が村塾を訪れた。京都で梅田雲浜に寄寓し師事していた赤根は、雲浜逮捕後、自身も逮捕されたが、釈放され帰国したのであった。

このとき雲浜は伏見奉行所の監獄に留置されていた。松陰は赤根を再度上京させ、雲浜の息のかかった「大和の土民」（十津川などの有志）を糾合して、この伏見監獄を破らせようと目論んだ。

しかし当の計画立案者である松陰は、この頃肥後藩の同志（だれだか不明）に宛てた手紙のなかで、赤根を「才あれども気少し乏し」と評し、「成せば宜しきがと案労仕り居り候」などと述べて、期待の薄さを漏らしていた（十月八日付）。

この破獄計画も、藩に事前に察知され、京で捕えられた赤根は国元に送還され、自宅謹慎となった。

松浦松洞にせよ、赤根武人にせよ、無理やり教唆して駒に使おうとしているようなところが見える。ともかくも、つぎつぎに実行計画を立てないことには、胸の煩悶をやりきれなかったのであろう。

赤根は挫折後も松門に留まり、松陰の没後、遺骨改葬に参加し、奇兵隊の第三代総督にも就任した。しかし高杉晋作と路線が衝突したため脱退し、ついに幕府方についた。禁門の変後、大目付・永井尚志《なおゆき》の随員として長州に潜入し、主戦論の転換を説いたが、かつての同志たちによって梟首《きようしゆ》された。

間部要撃策

十月末に、松陰のもとに衝撃的な情報がもたらされた。尾張・水戸・越前・薩摩の四藩の志士が連合して、大老井伊直弼を襲撃するという計画である（実際には水戸・薩摩などの有志による企みであった）。長州にも応援の要請があったが、松陰は参加を表明しなかった。毛利家の臣としてのプライドが許さなかったのである。

長州は長州で独自の行動に出たいと考え、井伊暗殺に連動する決死の計画を立てた。「同志を糾《きゆう》合《ごう》して神速に京に上り、間部の首を獲《え》てこれを竿頭《かんとう》に貫き、上は以て吾が公勤王の衷を表し且つ江家《ごうけ》（毛利家の祖）名門の声を振ひ、下は以て天下士民の公憤を発して、旗を挙げ、闕《けつ》（宮城）に趨《おもむ》くの首魁《しゆかい》（さきがけ）とならん。是《か》くの如くして死せば、死も猶ほ生のごときなり」（「家大人・玉叔父・家大兄に上る書」、十一月六日）。

老中間部詮勝を襲撃する計画であった。この時点で血盟の士十七人を得たというが（「厳囚紀事」）、はっきりしているのは、岡部富太郎・有吉熊次郎・佐久間忠三郎・品川弥二郎・佐世八十郎の五人だけである。そのほか、増野徳民・久保清太郎・入江杉蔵・吉田栄太郎・時山直八・福原又四郎も確実視されている。

松陰が先頭に立った少人数の決死隊による要撃《ようげき》策であったとはいえ、人員の増強、弾薬・資金の調達に向けて、四方八方へ手をまわした。右の父・叔父・兄に永訣の書簡を送ったおなじ十一月六日に、藩要路の周布政之助と前田孫右衛門には、計画の「願書案文」を送付した。

松陰に好意的であった手元役・前田孫右衛門に対しては、「クーボール三門、百目玉筒五門、三貫目鉄空弾二十、百目鉄玉百、合薬五貫目」の「貸下げ」を願い出た。用所役・周布政之助にも、暗殺すべき人物として、間部に加えて伏見奉行の内藤豊後守の名を挙げている。

つまり老中暗殺に藩要路の全面的な加担をもとめたのである。もはやこれは「斬奸」の域を越え、あきらかな討幕行動であった。藩府のなかで革新的で、松陰に好意的な前田と周布を選んで依頼したとはいえ、藩の責任を負ったかれらがおいそれと応ずるはずもない。前田はそれでも協力の姿勢を見せたが、周布は松陰の独善的な行動計画が藩の慎重な政治活動の支障になると憂慮した。

周布は先の伏見破獄策が漏洩した時点で、「勤王の事は政府已に定算あり。君公の親出を待ちて而る後決せんことを要す。書生の妄動を費すことなかれ。妄動して止まずんば投獄あるのみ」と、松陰を牽制していた（「厳囚紀事」）。

周布は周布で、藩主がみずから上京する案、あるいは早めに江戸参府し井伊を諫争する案など、いろいろ策を練りつつあったところなので、一介の書生に勝手な策動を許しておくわけにはいかなかった。

松陰は藩主の上京案にも早期参府案にも反対であった。違勅調印した将軍に参勤することは大義に反するうえに、藩主の身柄が京や江戸にあった場合、藩としての動きを鈍くするだけだと考えたのである。

周布が漏らしたこの意向と、やはり藩重鎮の長井雅楽《ながいうた》の証言とでは食い違いがあり、また改革派の周布と坪井久右衛門ら保守派とのあいだには緊張関係があった。したがって藩の方針がどのあたりにあったのか、はっきりしない。いずれにせよ、松陰の策動をこのまま放置しておくことはできなかった。

ついに十一月二十九日に、藩主の名により「厳囚」が命じられた。「寅二は学術純ならず、人心を動揺す」というのが、その理由であった（「厳囚紀事」）。家学教授が認可されてからわずか四か月、松陰はふたたび杉家の一室に幽閉されたのである。

この日、幽閉の知らせを聞いた久保清太郎・佐世八十郎・岡部富太郎・福原又四郎・有吉熊次郎・佐久間忠三郎・入江杉蔵・時山直八・吉田栄太郎・品川弥二郎という愛弟子十人が参集した。かれらはみな間部要撃策に血盟した青年たちであったにちがいない。

この夜かれらと別れるに際して、松陰は「諸友に示す」という文章をつくった。その末尾、「請ふ是れより戸を閉ぢて屏居《へいきょ》し、厳に諸君と絶たん。諸君各々為さんと欲する所を為せ、吾れは則ち静坐黙処し、以て其の何如《いかん》を視んのみ」。同志の青年たちに対する期待はまだまだ大きかった。

藩府はもともと再投獄するつもりだった。しかし玉木文之進の懇請もあって厳囚に留めていたのだが、一週間後の十二月五日の晩に、父杉百合之助のもとに内命書を届け、借牢願を出すように指示した。今回もまた借牢である。そのうえ書面には罪状が明記されていなかった。

松陰はその晩以降の出来事を克明に書き残している（「投獄紀事」、十二月三十日）。以下はそのあらましである。

村塾の当直であった作間忠三郎と吉田栄太郎からの知らせで、入江杉蔵や佐世八十郎ら六人の門下生が幽室に駆けつけた。松島瑞益・小田村伊之助兄弟もおっつけやってきた。佐世と入江が、先の「学術純ならず」という理由は納得できない、ほんとうにそうであれば、その弟子である自分たちも同罪ではないか、と声をあげると、全員が「然り然り」と賛同した。

小田村が門下生たちに向かって、諸君が「罪名」を藩府に問うたらどうかと示唆し、八人は大杯を飲み干して、そのまま周布政之助、ついで用談役の井上与四郎の門を叩いた。二人は面会を拒絶したけれども、八人は翌六日に自宅謹慎を命じられた。

この頃、松陰の父百合之助の消化器疾患が悪化し重篤であった。その看護のための入獄延期願いが藩府に認められて、実際の入獄は病状が落ち着いた暮の二十六日になった。家族、友人、門下生ら二十余人と送別の宴が開かれ、参加者はそのまま松陰の駕籠に従った。途中の沿道には自宅謹慎を命じられた吉田栄太郎たちの見送る姿があった。

第六章　「草莽」が起ちあがる——独立した主体

1　最後の実行プラン

野山再投獄

ちょうど三年ぶりの入獄であった。当時の知り合いの多くは、松陰の運動が功を奏してすでに出獄していた（高須久子は在獄のまま。吉村善作・河野数馬はあらためて遠島処分になっていた）。野山獄北房第一舎に入室した松陰に、しかし当時のような心の余裕はもはや残されていなかった。

間部要撃策は中途で断ち切られたが、大原三位（重徳）とのパイプはまだ途切れていなかった。秋から上京していた野村和作（門下生、入江杉蔵の実弟）と田原壮四郎（松陰シンパ）の二人は、在京の伊藤伝之輔（松陰シンパ）とともに、再度の大原西下策の実現に奔走した。そして十二月十六日に大原が京を立つことが決定した。

しかし事の重大さに脅えた田原が長州藩邸に密告した。この内部の裏切りによって計画はあえなく挫折した。だが大原の線はこれでは終わらずに、後述する伏見要駕策へとつながっていった。

計画失敗の報がまだ萩に届かぬ十二月二十一日に、松陰は大原三位に宛てて手紙を書いた。その前半部分に、若き使者たちの人物評を記している。「大事の成敗は恐れながら人物の御鑑定に之れある儀と存じ奉り候」と人物鑑定の大事さを強調したうえで、以下のような寸評がつづられた。

「仙吉（岡仙吉、門下生）沈実（沈着誠実）頼むべき者に御座候。伝之輔（伊藤伝之輔）軽卒には候へども正直他なく候。和作・壮四郎等追々参殿仕り候由、和作（野村和作）は年少心元《こころもと》なく候へども亦鋭果（鋭敏果敢）愛すべき者に候。壮四郎（田原壮四郎）は臆病者にて嫉妬の気之れあり候故、大事の談は必ず御用捨《ようしゃ》頼み奉り候」。

田原の性格を最初から見抜いていたのに、なぜ門下生でもないかれを大事な使者にしたのだろうか。松陰にも大きな責任があった。

手紙の本論部分では、井上・周布・長井らがみな「勤王」をやめて幕府に媚を売る藩の現状を報告したあと、来春にこの三人が江戸に出発し、藩主がまだ参府せずに在国しているあいだを狙って、ぜひ萩に下向するように熱願した。

つまり鬼の居ぬ間に、大原という反幕の貴人を得て、村塾派のクーデターを敢行しようという計画であった。大原のこの西下が実現した場合、クーデターの成功の可能性はどの程度あったのか。以後の情勢を見ると、なかなかむつかしかったことはまちがいない。

松陰が入獄したその日に、伊藤伝之輔と野村和作が帰国した。京から追い返されたのである。二人はすぐに自宅に厳囚を命じられた。十二月二十九日に、入江杉蔵からの手紙で事の真相を知った松陰は、早速、入江・小田村伊之助に宛てて返信した。

そこではまず、「大原策を以て御参府を止め、御参府を止めて勤王をするが大眼目なり。大策成就するまで爪を隠し恥を忍ぶ積りなり」と、あきらめぬ意志を示した。また、「伝・和の周旋何も〳〵感心〳〵。惣四一笑すべし、追つて血祭りにすべし」と、伝之輔と和作の労をねぎらい、壮四郎を血祭りにあげると息巻いた。

自分の人選ミスにあまり反省が見られない。任に負えない仕事を課されて、血祭りにあげられる方も気の毒といえば気の毒であった（血祭りにあげられはしなかったが）。

京都では大獄の嵐が吹き荒れていた。老中間部はみずからが加速したその勢いに乗り、十二月の晦日には攘夷猶予の勅許を手にした。これらの弾圧の動きに抗するために、尊攘志士たちは、あらたなネットワークをもとめて全国を駆けめぐっていた。

十二月二十九日に萩に潜入した水戸藩の矢野長九郎と関鉄之助は、老公斉昭の密旨を藩の要路に伝えたいと申し出たが、上京中の周布・井上の留守を預かる藩府はこれに応ぜず、二人はむなしく萩を去った。松陰はどうすることもできなかった。

松陰の要撃策を知った江戸の高杉晋作・久坂玄瑞・飯田正伯・尾寺新之丞・中谷正亮の五名は連名の花押血判状を書き、義挙に打って出るにはなんとも情勢が悪い、藩にもダメージが大きすぎる、しばらく自重して時機を待つべきだ、と訴えた。十二月十一日付であり、本文の筆跡は玄瑞のものであった（広瀬豊『吉田松陰の研究』、昭和十八年）。

このほか江戸でも萩でも自重論が渦巻き、松陰を孤立無援の状態に追い込んだ。かれらの自重論・観望論に対する反論の手紙がある。右の血判状が届いたのが、後述するように翌安政六年の正月十九日だとすると（確証はないが）、松陰はまだそれを見ていない。しかしその趣旨はすでに伝わっていたのだろうか。日付は（安政六年）正月十一日、宛先は不明、全集編者もだれかを推定していない。

「今日は亡友重輔（金子重之助）が命日なり。僕生を獄舎に偸《ぬす》み、亡友に九泉（泉下）に恥づるなり」と書き出される。四年前に亡くなった重之助に、いまの自分を対比して、ほんとうに済まないと思った。事の成否を顧慮せず、重之助はひたすら事態に立ち向かったのである。

事態をただ観望していただけではどうにもならない、だれかがやらなければ、事態は突破できはしないのだ。「沢山な御家来の事、吾が輩のみが忠臣に之れなく候。吾が輩皆に先駆《さきがけ》て死んで見せたら観感して起るものもあらん。夫れがなき程では何方時《なんぼう》を待ちたりとて時はこぬなり」。

そして声を大にして言う、「且つ今の逆焔《げきえん》は誰れが是れを激したるぞ、吾が輩に非ずや。吾が輩なければ此の逆焔千年立つてもなし。吾が輩あれば此の逆焔はいつでもある。忠義と申すものは鬼の留守の間に茶にして呑むやうなものではなし。吾が輩屏息《へいそく》すれば逆焔も屏息せようが、吾が輩再び勃興すれば逆焔も再び勃興する、幾度も同様なり」。

いまの逆襲（「逆焔」）はだれが引き起こしたものか、吾が輩ではないか。吾が輩がいなければ、千年経っても逆襲など起りはしなかった。だれかがやるからリアクションだって、あるのだ。こう松陰は激語した。

激昂した言葉のなかに、「忠義と申すものは鬼の留守の間に茶にして呑むやうなものではなし」

と、ユーモアがさりげなく立ち上がるところ、救われた気持ちにさせられる。そのしばらくあとに、有名な一節が現われる。血判状を予見した口吻である。

「江戸居の諸友久坂・中谷・高杉なども皆僕と所見違ふなり。其の分れる所は僕は忠義をする積り、諸友は功業をなす積り。さりながら人々各々長ずる所あり、諸友を不可とするには非ず。尤《もつも》も功業をなす積りの人は天下皆是れ。忠義をなす積りは唯だ吾が同志数人のみ。吾れ等功業に足らずして忠義に余りあり。幾回《いくえ》も罪名論行詰《ゆきつ》めざる事、僕一生の過《あやまち》なり」。

あたえられた条件のなかで成果を目指す事業を功業と呼ぶとすれば、忠義とは条件そのものを命がけで逆転する行為を意味した。功業も次第に条件を変えていく力をもつことがあるとはいえ、忠義は逆境を一気に突破する主体的な行為であった。

ただしリスクも大きい。命を担保にするという条件も付く。だれにでもできることではない。

「功業」対「忠義」の真向対決

正月の十五日に、播州浪人の大高又二郎と備中浪人の平島武二郎が萩に潜入し、藩府の要路に遊説しようとしたが、これも先の水戸藩士同様、門前払いにされた。かれらは藩府が動かなかった場合の最後の手段をもっていた。

参勤途上の毛利藩主を同志ともども伏見に待ち伏せし、待機した大原三位らとともに入京して、攘夷・反幕の旗を挙げるという計画である。この情報はかれらに応接した入江・野村兄弟から松陰にもたらされた（かれらはまだ謹慎の身であったが、密かに動いていたのか）。これは前年の西下策がしくじったときに、大原から次善の策としてもちだされていたプランでもあった。

しかし藩主の行列のなかにこれに呼応する藩士がなければ、徒らに混乱し、藩の失点になるだけであった。すぐにも上京したいという入江を松陰は引き止めた。まずは藩内の基礎固めが必要であったからである。

しかし松陰の同志はつぎつぎに自重派＝功業派に転じていた。前年十二月に帰国した桂小五郎も、一度来たきり、その後ちっとも連絡がない。十六日に岡部富太郎宛に手紙を書き、桂に見せるように依頼した。このなかでも、功業について論じた。

「時至り候はば忠臣義士でなくとも功業はするなれば、無理に吾が輩其の時を待つべきに非ず候。漢土にて創業の時を見給へ、功臣は皆々敵国より降参して来た不忠不義ものなり」。功業狙いの藩内にすっかり嫌気がさしていたのである。

手紙を出さぬうちに、中谷・高杉・久坂等から「観望の論」が来た。これが前述の血判状であろう。松陰のやりきれない気持ちはさらに深まった。

「殊に高杉は思慮ある男なるに、しかいふこと落着に及び申さず候。皆々ぬれ手で粟をつかむ積りか」、と十九日に追伸して、精いっぱい皮肉を浴びせた。松陰の悪口はなかなかウィットが効いていて面白い。

やけっぱちになった松陰は、もう桂に見せる必要はないから、岡部のところで燃やしてくれと付記したが、実際は同志のあいだに回覧されたらしい。

前年末に厳囚に処せられたときに、また年末に再入獄するに際して、松陰のもとに集《つど》った青年たちも、ひとりふたりと戦列から離れていった。あるいは転勤し、あるいは師の執拗な過激策に付いていけなくなったのである。

岡部宛の手紙を出しそびれていたあいだに、「子遠に与ふ」という文章をつくった（十七日）。子遠とは入江杉蔵の号である。「吾が党の士、身を致して国に報ずる者あることなし、豈《あ》に命《めい》に非ずや。子遠子遠、本分未だ尽さず、其れ命を何如《いかん》せん」といった具合で、まるで孔子が弟子に嘆いているような筆致である。

「吾れ平生、飲を貪《むさぼ》らず色に耽《ふけ》らず、楽しむ所のものは好書と良友とのみ」。その良友の第一は中村道太郎、つぎに来原良蔵、そして土屋蕭海である。来原は自分とうまがよく合い、中村とはぶつかることも多いが、合う人より裨益することも多い。

来原は自分が亡命して東北旅行に旅立つときにも、下田に踏海するときにも、支持してくれた。だから「第一の知己」と思っている。中村は子供時分からの付き合いで、徳に厚い男である。土屋は文章の道で深く世話になった。

このやや感傷的な筆致のまま、旧友の桂小五郎、久保清太郎、小田村伊之助、松島瑞益、赤川淡水、中谷正亮、そして門下の高杉晋作、久坂玄瑞、尾寺新之丞、三無生（吉田栄太郎・松浦松洞・増野徳民）、佐世八十郎、岡部富太郎、福原又四郎、有吉熊次郎、佐久間忠三郎、品川弥二郎、さらに富永有隣と、つぎつぎに回想は進んでいく。そして筆は一転する。

「凡そ是れ皆吾れの所謂《いわゆる》良友にして、酒色を以て更《か》へざるものなり、而《しか》れども今果して何如《いかん》。吾れの獄に下るや、真に其の冤《えん》たるを知る者は小田村・久保及び暴徒輩（松陰再投獄の罪名を藩要路に問うて謹慎となった門下生、すなわち佐世八十郎・岡部富太郎・福原又四郎・有吉熊次郎・佐久間忠三郎・入江杉蔵・吉田栄太郎・品川弥二郎の八人）のみ。其の他は則ち情を以て吾れを憐み、吾れの狂愚を悲しむに過ぎざるのみにして安《いずく》んぞ吾が心赤を諒せんや」。

ではどうするか。「吾れ今より良友を謝絶し、書問を通ぜず」、「好書」を読んで過ごすことにした。と言いながら、獄中での画策は終わらない。

二十三日に入江杉蔵に宛てた手紙は、桂にも回覧してほしいと前置きして、獄中でのもうひとつのプランである「清末策《きよすえ》」に触れている。清末藩は萩藩の支藩であり、石高一万石あまり、小さな藩だけにまとまりもよく、藩主も英明で聞えた。ここを拠点に萩藩に迫ろうというのが清末策である。

もともとは同囚であり、松陰に獄中で師事した安富惣輔《やすとみそうすけ》の話が発展したプランであったが、松陰周囲の賛同を得られぬまま、この策も消失した。

この二十三日に兄梅太郎が来獄し、追い打ちをかける情報をもたらした（なお再獄後、獄吏・福川犀之助の好意により、松陰との面会が許されていた）。桂小五郎の進言により、叔父玉木文之進が松陰に同志たちとの書通を絶つように命じたというのである。

いったいどういうことだ。自分の尊攘に対して、はじめは「小人俗吏」が忌避した、つぎには「正人君子」が嫌悪した、そしてついに「平生の師友最も相敬愛する者」たちがつぎつぎに自分を捨て、妨害しようとする。

「尊攘為すべからざるに非ず、吾れの尊攘を非とするなり。尊攘自ら期して而も尊攘に非ず、吾が事已《や》んぬ。然らば則ち何如《いかん》せん、其れ積誠より始めんか。吾れの尊攘は誠なきなり、宜《むべ》なり人の動かざることや。今より逐件《ちくけん》、刻苦左の如し、誠あらば則ち生き、誠なくんば則ち死せん。然らずんば何を以て天地に対越せんや」（「野山日記」、二十四日）。

そして、「無用の言を言はず」を第一戒として、計七箇条の自戒の項目を挙げた。最後の項目は、「必ずしも為さざるの事を以て人に勧むることなかれ。為すべからざるを以て人を責むることなかれ。為さざるべからざるの事を勧めて、為すべきの事を責めよ」であった。

そしてこの日の午後から絶食に入った。なにかひとつ「喜快事」があれば一回食べ、なければ倒れるだけだ、と心に誓った。自分の誠が足りないからこんなことになったのではないか、ひとつ自分の誠を試してやろうと決心したのである。

このときも家族のフォローは早かった。父、母、叔父は懇切な手紙を送り、そのなかで叔父は「汝《なんじ》獄中の餓死大義において何の益あるや」と、理詰めの説得を試みた。この温情に応えて、松陰は水一椀と干柿ひとつだけ口にした。これが翌二十五日のことであったが、二十六日には嬉しいニュースが届いた。

罪名問題で謹慎を命じられた八人のうち、士分の五人はすでに赦されていたが、二十五日に残りの入江杉蔵・品川弥二郎・吉田栄太郎の三人が放免されたのであった。また京から帰国後に厳囚されていた野村和作も同日、免ぜられた（ただし伊藤伝之輔は未決牢に入れられた。松陰は二月二日に心のこもった励ましの手紙を入れている）。

その少し前には杉蔵に向かって、「足下も諸友と絶交せよ、同志の士を峻拒せよ」（二十三日以後付）と迫っていた松陰ではあったが、これで絶食も取りやめた。

ただし出獄した杉蔵に向かって、ちょっと変なことも言った。翌二十七日の晩に書いた文章である。

防長にはもはや尊攘の人はいない、したがって「汝国《なんじ》を去りて後は僧となるを妙と為す。一には決志の機あり、二には身を匿《かく》すの便あり、三には生活の計あり。且つ僧侶に反《かえ》つて天朝を尊ぶことを知る者あり。禅学も亦《また》心志を定むるに足るものあり、是れ亦一益なり」（「子遠に語《つ》ぐ」）。

僧侶の道を勧めたのである。自重ばかりする藩士たちに引き比べて、尊王の月性や黙霖、そして禅の竹院の印象がつよくイメージされたのであろう。

一方おなじ文章のなかで、天朝に対する厳しい要請を言明した。草莽の臣としての自覚の高まりにつれて、松陰の思い描く草莽は、もはや天皇の「感悟」を祈って宮城の前に泣き伏すだけの存在ではなくなっていたのである。

「天朝の訓に曰く、『宝祚《ほうそ》（天子の位）の隆《さか》えまさんこと、天壌とともに窮《きわま》りなし』と。此の言、天《てん》胤《いん》世々信奉すれば則ち天下太平なり。草莽の臣切に謂《おも》へらく、聖上社稷《しやしよく》（国家）に殉じたまひ、天下の忠臣義士一同奉殉せば、則ち天朝寧《いずく》んぞ再興せざるの理あらんやと」。

草莽も国家のために命を懸けるのだから、天皇も国家のために殉じていただかなければならない。それがかなわず、「天朝の論、万一姑息に出でば、神州中興の理なし」。草莽が起ちあがるときは、天皇もまた起ちあがるときなのであった。

さて絶食取りやめはあっけなさすぎる幕切れであったが、松陰なりの納得があった。義弟の小田村伊之助に宛てて、率直な反省の弁を述べている（「士毅に与ふ」、二月三日）。

絶食を始めたとき、父の言うことも友人の諫める言葉も耳に入らなかった。だが杉蔵以下四人の釈放を聞いたとき、喜びがあふれ、怒りもほどけた。そこで李卓吾の書を手に取ると、「逆則相反、順則相成」の八字を得た。

「嗚呼、吾れ過《あやま》てり、吾れ過てり。吾が前日の事、一として逆にして反すに非ざるものなく、一として順にして成《たい》ぐと為すものなし。吾れ過てり、吾れ過てり」。

藩府が自分を投獄したのも、前田孫右衛門や桂小五郎が自分に諸友と絶交させようとしたのも、じつは善意に基づくものだった。自分が気づかなかっただけだ。自分のすることは「真誠」に発しているのだから、ひとがほんとうに嫌ったりはしない。それを激しく嫌われていると思ったのが、間違いのもとだった。

こう松陰は悟ったのである。自分の誠に対する疑いはいちおう解消したものの、しかし周囲との軋轢はその後より深まることになった。

伏見要駕策

もう一度、大原西下策、あるいはそのヴァリエーションである伏見要駕策に挑戦するためには、藩政を一新する必要があった。松陰の心は絶食事件のあと、すこし和らいだとはいえ、昨年秋以降、藩主に達するコミュニケーション通路は閉ざされていた。しかたなく目安箱を利用することにした。二月四日付で作成した「上書」は、品川弥二郎の手で目安箱に投じられた。上書は言路の閉塞、藩府の閉鎖性を指摘し、大原三位らの伏見要駕策に対して藩としての対策を講ずべきことを説いたあと、最重要課題として人事の一新を主張した。

国相府（萩の政府）は人材が揃っているけれども、行相府（江戸政府）ははなはだ欠乏していると し、国相府と行相府の大幅入れ替えを提案した。その際、無能な内藤万里助・北条瀬兵衛ら、幕府に阿《おもね》り天朝を蔑《ないがし》ろにする梨羽直衛・坪井久右衛門・山縣半七・椋梨藤太らを更迭し、前田孫右衛門・宍戸九郎兵衛・来島又兵衛・桂小五郎・来原良蔵らを当てること、また民政の重要ポストに玉木文之進を抜擢することを進言した。

さらに国相府の抜けた穴は、有能な周布政之助や井上与四郎を行相府から戻して埋めたらよいと付記した。

藩主の参府についても、藩府の人事を入れ替えて、君側の「老奸」を除去しなければどうにもならない、と訴えた。しかしこの上書は採用されず（「老奸」が検討したのだろうか）、藩主の発駕は三月五日と決定した。

こうなれば松陰サイドから手を打たねばならない。大原ら公家と大高・平島ら志士たちからなる要駕部隊と、長州藩とのあいだを周旋するために、門人を派遣する必要があった。その第一候補は、先日出家を勧めたばかりではあったが、やはり入江杉蔵であり、さらに佐世八十郎と松浦松洞を予定した。だが二人はついに松陰の策に納得しなかった。二人だけでなく小田村伊之助をはじめ、周囲はみな策の無謀であることを主張した。

かつての同志たちは松陰を敬して遠ざけ、裏で「義卿（松陰）人に強《し》ふ、義卿人に強ふ」と言い合った（「諸友に与ふ」、二月）。来原良蔵も、かねてより「義卿、人に強ふるの病《へい》あり」と言った（正月二十六日付小田村伊之助宛松陰書簡）。見解が異なったとき、よりラディカルな自説を忠義の説となし、穏健な説を功利の説と見なした師の言動は、かれらにはきわめて抑圧的に響いたのであった。

結局入江ひとりで上京し、周旋にあたることになった。生きて帰ることは期し難い使命である。入江は松陰を獄室に訪ねて策を練り、二月十五日には、家を抵当に入れて旅費を用意した。こうして出発準備はすべて整った。

そこまでしながら入江には後ろ髪引かれる思いがあった。三年前に父を亡くした入江の家庭は貧しく、病弱で年老いた母（当時五十五歳）とまだ年少の妹の生活は、かれのはたらきに掛かっていた。この兄の苦渋を見た弟の野村和作は、自分が代わって任に当ることを申し出、兄も母もこれを了承した。兄弟で忠・孝を分担して、「各々家国《かこく》に任ぜん」としたのである（「要駕策主意（下）」）。和作は二月二十三日の晩に松陰に別れを告げ、二十四日に脱藩・出発した。和作にとっては二度目の大原工作の旅であった。

杉蔵の「和作を送る敍」に松陰は跋を付けた。「此の行、子遠これを和作に譲る、和作宜しく往くべきなり。大義は吾れと子遠と論ずること極めて熟せり。処置に至りては其れ和作に在るかな、其れ和作に在るかな」（二月二十三日）。杉蔵と松陰の合作計画をいま和作が実行しようとしている。和作に対する祈るような気持ちが、「其れ和作に在るかな」のリフレインに切実に表現されている。

二十七日に松陰が書いた「要駕策主意（上）」は、要駕策に反対した同志たちに対する批判の文章である。「諸友皆云ふ、『要駕策は不可』と、百方之れを沮《はば》む」。「諸友皆云ふ、『政府人なし、故に駕を要するも益なし』と。余が意は則ち然らず、政府人あらば何ぞ必ずしも駕を要せん、唯だ其れ人なし、ここを以て駕を要す」。

この論理は、すでに見た「功業」対「忠義」の繰り返しである。君らは情況が悪いからやめとけというけれども、情況がよければやる必要など初めからない。情況が悪いからこそ、要駕策に打って出ようというのではないか。

この策が成功しなければ、我が藩の尊攘の望みがなくなるだけでなく、「神州の興隆亦一大機会を失ふなり」。だから君らは、たんに「吾が藩の罪人」というだけでなく、「神州の罪人」にほかならない。

たとえ名君・名相がいても、「正人君子」がいても、あとが「衆小人」、「衆邪人」ばかりではどうにもならない。「上は天朝より下は幕府列藩に至るまで、皆然らざるはなし。かくのごときの天下を以て興隆を望み恢復《かいふく》を謀るは、猶ほ河清《かせい》を待つがごときのみ。ここを以て草莽《そうもう》の崛起《くつき》に非ずんば、何を以て快を取らん」。

つぎの節でこの「草莽崛起」について見ていくけれども、ここでの「草莽崛起」は、「君側の奸」を排除する忠義の士によるクーデターの意味合いが強い。

さて野村和作に戻ろう。二十四日に和作が出発したあと、長崎に遊学する佐世八十郎が別れの挨拶に和作を訪ね、母の口から息子が上京したことを告げられた。母は今回の上京が兄弟と師とのあいだの秘密の計画だとは知らなかったのである。この情報が小田村伊之助を経て、藩府に報告された。小田村は、藩のため、義兄松陰のためを思って、そのリスクを回避しようとしたのであった。

藩の一大事と受け取った藩府は、すぐに追手を出すとともに、共犯者である入江杉蔵を岩倉獄に投獄した。追手のなかには、前年十二月に大原西下策を密告した田原壮四郎が藩命で加えられていた。

入江が投獄された翌二十九日、松陰は「子遠に与ふ」という文章をつくった。「足下獄に投ぜらる、豈に悲しからざらんや。然れども吾れ足下を悲しむこと久し、今は則ち喜ぶ。足下、不朽の大事を以て阿弟に譲り、阿弟喜びて之れを受く。而も天猶ほ足下を不朽にせんと欲す、足下亦喜びて之れを受けんのみ。但だ慈母の情憐むべし。然れども二子不朽ならば、母も亦不朽なり。人生欻忽《くっこつ》、百年夢幻なり、唯だ人の天地に参じ、動植に異るは、不朽を去りて、更に別法なし」。

人生は夢幻のように短い、不朽の名を取ろうではないか。さらに松陰はつづけた。和作がもし捕まったら、自分が主犯者であると自首して出る。そして三人一緒に死ぬのも、「最後の一大快事」ではないか。

杉蔵はどういう気持ちで、この師の文章を読んだことであろう。兄弟共倒れで、病弱な老母がひとり残された。絶望極まるなかで、君ら二人とお母さんは不朽の「名」を得たのだと言われて、いったい慰めになっただろうか。

いつも忠義のための死に所をもとめている松陰は、三人で死んで名を残すことに、後顧の憂いはなにもなかった。しかし杉蔵の心中はちがった。兄弟で忠・孝を分担したというのに、二人とも死んだら母はどうなるのか、人に非難されてもかまわない、臆病者と言われても仕方がない、ただ母の憂いを慰めたい、と杉蔵は思っていた（「知己難言」、五月二日）。

松陰は忠義に燃えるあまり、杉蔵の苦悶に想像力がおよばなかった。兄弟の母・満智子宛に手紙を書き、自分たち三人が死ぬことで大原卿にも申し訳が立つ、母親のもとでいつも孝行できるとはかぎらないのが「武家の習」と諦めてほしい、田原壮四郎のような人面獣心の男の母親にならなかっただけでも良しとしてほしい、とねんごろに訴えた（三月十一日付）。

　ついに杉蔵は松陰宛の手紙で、自分には老母があるから死ぬわけにはいかないと訴え、それが認められないのなら絶交してくれと、悲痛な言葉を吐いた。「何必欲同己乎（何ぞ必ずしも己れに同じうするを欲せんや）」、「則宜教絶交也（則ち宜しく交を絶たしむべきなり）」（三月十四日付）。

　松陰もこれには言葉に窮し、「今後僕誓つて子遠の孝を奪ひて之れに忠を強ひざるなり」、「僕要駕の是非を争ふに急にして、実に子遠母子を慮《おもんぱか》るに暇あらざりしなり」、と釈明した（「子遠に復す」、三月十六、七日）。

　一方、和作がだれにも言わずに出発したことに、残された同志たちは裏切られた気持ちになった。松浦松洞は、「僕、小田村の説に服し、要駕の挙を以て万々不可と為せしに、和作、諸友を欺きて脱走す、憎むべし、憎むべし」と怨んだ。この「諸友」に対して松陰は怒り心頭に発した。

「抑々《そもそも》和作死を以て駕を要す、其の志甚だ忠なり。諸友誰れか死を以て謙譲（要駕策を辞退する案）を策する者ぞ。今諸友の不死を以て和作の必死を憎むは、余の知らざる所なり」（「赤根武人に与ふる書の後に書す」、三月五日）。

　和作が命がけの実践のために旅立ったのは事実だ。しかしその「死」をもって「諸友」の「不死」に脅しをかけるのは、あまりフェアーとは思えない。「諸友」はただ死を恐れて自重論を唱えていたわけでなかったはずである。

しかし松陰は「諸友」に弾劾状を送った。「僕切に諸友に告ぐ、爾後《じご》誓つて尊攘を言ふことなかれ、此の四五十年中決して諸友尊攘の時なし。唯だ当《まさ》に文を講じ武を修め、礼に遵《したが》ひ常を践《ふ》み、一国の佳士となるべきのみ」（「諸友に告ぐ」、三月八日）。

せいぜい文武に励み、現秩序を尊重して、それなりに出世でもしたらいい、と毒づいたのである。杉蔵宛の手紙では、得意の功と忠の対比をもちだしている。「小田村輩世の所謂学者、死して益なく、罪して功なしなどと馬鹿を云うて、官祿妻子を保全するを以て祖先への大孝として居る。古《いにしえ》より忠臣義士誰れが益の有無、功の有無を謀りて後忠義したか」（三月十六日以後付）。

杉蔵と和作――最後の同志

さて追手の迫ることも知らずに京に入った和作は、大原卿と大高又二郎たちに面談した。しかし要駕策を実行するには時期が悪すぎる、いまは断念しよう、というのがかれらの対応であった。京は攘夷派の公家に対する最後の弾圧の嵐が吹き荒れていた。かれら首謀者たちもまた自重論を取り、要駕策はあえなく立ち消えとなった。

和作はしばらく大坂に潜伏したが、追手の迫っていることを知り、京都藩邸に自首した。護送された和作は三月二十二日に萩に到着し、兄とおなじ岩倉獄に投じられた。松陰がそれを知ったのは、翌二十三日のことである。

「孫助（獄卒）報じて云ふ、『要駕の事折《くじ》け、足下縛《ばく》に就《つ》き昨夜を以て帰り揚屋《あがりや》に囚せらる』と。

悲しいかな。悲しいかな。然りと雖も　天照豈に霊なからんや。先公豈に神なからんや。霊神蓋《けだ》し謂《おも》ふに、吾が誠未だ至らず、姑《しばら》く吾れに戯《たわ》むるるに艱難を以てし、吾れを欺くに挫折を以てするか。天下一人の吾れを信ずるものなきも、吾れに於ては毫《ごう》も心を動かすに足るものなし」（「和作に与ふ」、三月二十三日）。

自分の誠が足りなかった、これは霊神の自分にあたえた試練だ、と松陰はとらえた。そして改めて杉蔵・和作兄弟に感謝した。「足下兄弟あるに非ずんば、天下其れ長藩を何とか謂はん。嗚呼《ああ》、足下年は甫《はじ》めて十八、班（地位）は則ち軽卒、飄然単身、策を決して東行す、事成らずして帰り囚せらると雖も、天下の人をして長門復《ま》た忠義の種子なしと謂ふを得ざらしむ。其の冥々の功、吾れ感激流涕《りゅうてい》之れ已《や》む能はざるなり」（「和作に与ふ」、三月二十七日）。

やはり毛利家の臣であった。松陰は長州藩の面目が立ったことをまず二人に感謝したのである。しかしその裏で失望も深かった。その前日二十六日に小田村伊之助・岡部富太郎に送った書状には、「和作上国に死せず、又遁匿《とんとく》せず、生きて帰ること実に力なきことなれども、今諸友に比すれば是れを尤《とが》むるに暇なし」と、和作が死にもせず隠れもしないで、おめおめと帰ってきたことに対して、批判的であった。

頼みにした人間は思いどおりにいかず、小田村をはじめとする昔からの同志たちは、動かぬばかりか、押し留めようとさえする。「天地日月皆恨《うらみ》あり。朋友故旧渾《す》べて情なし」。

おなじ二十六日に和作に宛てた手紙では、「只今の勢にては諸侯は勿論捌《さば》けず、公卿も捌け難し、草莽に止《とど》まるべし。併し草莽も亦力なし。天下を跋渉《ばっしょう》して百姓一揆にても起りたる所へ付け込み奇策あるべきか」と、意味深長な発言をした。

諸侯も公卿もだめだ、期待した草莽すら力がない、もう百姓一揆にでも頼るしかきっかけはないのか、と絶望のなかで考えた。だがこれは消去法でたどりついた百姓一揆であって、松陰がここで百姓との連帯を真剣に構想したとは思えない。

それでも松陰は「諸友」に手紙を送りつづけた。三月末に小田村と久保清太郎に宛てた手紙では、悲観的な状況ではあるとはいえ、「神州の陸沈《りくちん》を坐視してはどうも居られぬ故、国家へ一騒乱を起し人々を死地に陥《おとしい》れ度く、大原策・清末策・伏見策色々苦心したるなり」と述べる。だがそれをだれも分かってはくれない、もはや「草莽崛起」しかない、と断言する。

禄をもらっている者になにができるのか、といった挑発であった。その一方、自分自身はその捨て石になるべく、死に所ばかりをもとめていた。「然る時は吾れ死して名あり」。ついには、「何卒一死を賜ふ手段を乞ふのみ」と、二人に死罪の周旋を依頼する始末であった。

つまり、和作を裁判にかけてもらえれば、かれの証言から自分も法廷に引き出され、死罪になるであろうという計算であった。

一方で冷静な分析もしなかったわけではない。たとえば四月九日の岡部富太郎宛書簡である。和作の未熟さや大原の限界を見つめていた。

「和作年少殊《こと》に一人にてはどうも成り申さず。併《しか》し有志の諸位へ信義丈《だ》けは相立ち、長門の面目も丸潰《つぶ》れには相成り申さず候。大原公の説果して兼て愚考通りに出で候。此の説の出づるを知る故、僕態々《わざわざ》応接弁駁《べんばく》も草して遣《や》りたれど、和作夫れを忘れて行く位なれば大原の説を破る事成らぬは無理ならず、と云へば和作を短ずる様なれど、和作は只今にては長防第一等の人物なれば備はらんことを責むるなり」。

この文面からすると、どうも大原は動かないと睨んでいたようである。情況の変化なのか、あるいは長州側に万全の受け入れ態勢が整わないかぎり動かないと見ていたのか。いずれにせよ、和作が忘れ物をしなくても事態は変わらなかったであろう。

杉蔵・和作兄弟と松陰とのあいだに繰り広げられた要駕策の物語は、未遂のままこれで終わった。兄弟のその後について、簡単に紹介しておきたい。

杉蔵は松陰が江戸で刑死したあとも岩倉獄に繋がれていたが、万延元（一八六〇）年にようやく免獄され、軽卒として江戸や長州ではたらいた。文久三（一八六三）年に、尊攘派の藩府によって、松陰門下としての活動を評価されて、士分に列せられた。その後、高杉晋作・久坂玄瑞に協力して幕末の政争を戦い、元治元（一八六四）年、禁門の変で戦死した。享年二十八であった。

和作（のち靖）は兄杉蔵とともに免獄されたあと、文久二年の御殿山英公使館焼き討ち事件に参加、三年には兄同様士分に列せられた。松陰刑死直後は周囲から白眼視されたのに、そのわずか四年後に士籍に列せられたことに、複雑な思いを抱いた。

その後、幕末の内戦を生き抜き、明治四（一八七一）年から岩倉使節団の一員として米欧諸国を歴訪、その後、内務大臣・逓信《ていしん》大臣・枢密顧問官などを歴任、明治四十二（一九〇九）年、六十八歳で没した。遺言により世田谷松陰神社の松陰の墓域に埋葬された。

2　百姓一揆と草莽崛起

松陰は百姓一揆に賭けたのか

武家による封建社会の経済は、基本的に農民から年貢を取り上げ、それで藩政の運営と士・卒の家禄に当てるというシステムであった。したがって年貢が年々滞りなく入ってくることが藩財政の基本であり、ゆるくして取りそびれたり、きつくして反抗されたりすることは、あってはならない事態であった。

一揆が起れば、農民の指導者が処罰されただけでなく、民政の担当者も責任を問われたのは、当然のことであった。

松陰の叔父玉木文之進は民政のエキスパートであり、領内の代官を歴任し、名代官との評判が高かった。先に触れた二月四日付の「上書」で、松陰が玉木を民政の重要ポストに推薦したのも、決して身びいきによるものではなかった。

松陰は子どもの時分から、この叔父や父親から民政の大切さを教えられ、また兵学教育のなかでは、武士階級の責任について強い自覚を迫られた。九州遊歴の折には、すでにひとりの民政家の眼で道中を眺めていたことは、見てきたとおりである。

この民政の危機を意味する一揆に、松陰がつよい関心をもったのは当然のことであった。嘉永六（一八五三）年七月二十八日に江戸から兄梅太郎に送った手紙のなかに、「南部の民変も容易ならざるの事に候。一先づは仙台よりの扱ひにて治まる方に向ひたるよし。然れども連年苛虐《かぎやく》の致す所、未だ其の結局を知らず。之れを要するに内変外患常に相倚《よ》り、衰季（衰退した世の中）の光景恐るべし、嘆くべし」と述べ、南部地方の一揆につよい関心を向けている。

この一揆の概要を見ておこう（深谷克己監修『百姓一揆事典』による）。盛岡藩は慢性的に財政が悪化していたため、御用金の賦課、藩札の発行などによって、財政の穴埋めを計っていた。十分な準備金をもたない藩札の発行はインフレを昂進し、連年の凶作で窮乏した藩南方の民衆は、天保七（一八三六）年十一月に強訴を強行、藩側は一揆の要求を善処すること、処罰しないことを約束した。仙台藩領に逃散《ちょうさん》していた領民が翌八年初めに南部に戻ったところ、藩は約束を破り、首謀者を処刑した。こうして領民の藩に対する感情は悪化した。

弘化四（一八四七）年には、三陸沿いの領民に課された御用金に反発して一揆が勃発、有力家老の領地である遠野《とおの》に繰り出して強訴した。

この一揆の成果が完全に覆された嘉永六（一八五三）年五月に、大規模な一揆へと発展した。一揆勢は、藩政をするどく批判し、前藩主を復位するか、三陸沿いのこの「三閉伊通《さんへいどおり》」を仙台領に編入するか、または幕府領にするか、いずれかになることをもとめる内容の訴状を隣りの仙台藩に提出した。一揆史上画期的な要求であった。

一揆は勝訴、要求はほぼ受け入れられ、約束どおり処罰もされなかった。ただしのちに帰国した首謀者の三浦命助は、逮捕され牢死した。命助の物語は、この後さまざまなかたちで伝承された。

この「三閉伊一揆《さんへいいっき》」に松陰は注目したのである。前年の三月、東北遊歴の折に盛岡藩領を旅し、その弊政を目の当たりにしていたから、一揆の原因に思いあたるところがあったにちがいない。またその藩政に携わるのが江幡五郎の仇の一味であったから、憤りもひとときおりではなかったであろう。

民衆が好きこのんで一揆を起すものではないことを、松陰はよく知っていた。原因は「連年苛虐の致す所」以外のなにものでもなかった。責任はひとえに民生を安堵する立場にある藩の側にあった。

八月の晦日に兄に宛てた手紙でも、冒頭にこの一揆に触れている。「南部の一揆弥増《いやま》し、今は早や先日より三度めにて人数も十一万計《ばか》りにて城を囲み候由、社稷《しゃしょく》已《すで》に六ケ敷《むつかし》きよし。畢竟《ひっきょう》民窮するより事起りたるなり、畏るべし」。十一万はいくらなんでも多すぎるが、実際にも最大二万五千人規模の大一揆であった。

九月十日に玉木文之進に出した手紙も、やはり十一万で盛岡城を取り囲んだと記す一方、「一揆党中に辰吉なるもの歳十八、博学多才、之れが謀主たるよし。安《いず》んぞ知らん陳渉（陳勝）・呉広もかかるものに非ざることを。何分是れにても民政海防一を欠いで成らざる事相分り申し候」と述べ、秦帝国を滅亡に導く大乱を起した陳勝・呉広に一揆の指導者を擬した。ただし「辰吉」がだれかは分からない（首謀者のひとりの偽名かもしれない）。

松陰は南部の一揆から自国の大一揆を連想し、この手紙の最後に言及した。簡単に説明しておくと、この長州藩天保大一揆は天保二（一八三一）年七月に勃発した。この頃、長州藩は農民の商品経済の進展を厳重な統制のもとに置いていた。一揆の発端は御用商人と農民とのあいだの「皮騒動」という些細な悶着であったが、農民の統制経済に対する不満が一気に爆発、またたく間に三田尻周辺から防長全域に波及した。この一揆が藩当局に危機感をあたえ、藩の重鎮村田清風の指導のもと、長州藩天保改革が開始された。

さて手紙の内容である。九州遊歴の折に、松陰は長崎聞役《ききやく》（藩から派遣された情報担当の役職）の清水新三郎の邸に数日滞在したことがあった。そのとき新三郎がこの一揆の頃を回想して語った。「あれ程の大変の伏したれば其の前兆もあるべきに、御両国食禄の臣幾百千人ぞや、一人としてこれに心付くものなきか、心付かずば不明の甚しきなり。又心付きながら知らぬ貌《かお》して日を送り、一人として腹をさしだし直諫《ちょっかん》極言して、君上の御心を感悟せしむることなく、徒らに君上へ悪名をとらせ候は不忠甚しきなり」。

松陰は、「今以て肝に銘じて忘れ申さず」と記した。当時の藩士の民生に対する無関心、あるいは無責任、そして主君に対する不忠という、松陰にとって許しがたいことが、実際に防長に蔓延していたのであった。南部の一揆はまったく他所事ではなかった。

二年後の安政二（一八五五）年に野山獄内で『孟子』を講読した際にも、「但《た》だ民心を得る者は善く守るを得るなり」と説き、民心をしっかりつかんだ治世者だけが国を保つことを強調した（『講孟余話』、「梁恵王（上）」）。

前節の「天下を跋渉して百姓一揆にても起りたる所へ付け込み奇策あるべきか」という発言は、やはり絶望的な心理が言わしめたものだっただろう。かれの立場はあくまで武家のものであって、民衆にスタンスを移し替えたわけではない。

百姓の生活を安堵して一揆を起させない立場の側に、松陰はいた。かれは最終局面に至るまで、最良の支配階級であろうとした。そのことがみずからの足許を突き崩し、構造的な矛盾を露呈させ、つぎの時代を思想的に準備したのである。

草莽崛起とはなにか

しかし松陰が、たとえば「辰吉」のような指導者と連帯する可能性はあった。草莽同士としての連帯である。

ここまでに何度か登場した「草莽《そうもう》」という言葉は、『孟子』を出典とする古い漢語であり、幕末の日本では在野の志士を意味した。禄を食まないということがポイントである。

藩や幕府という官僚組織にしがらみがなく、藩を越えて自由に横に連携し（「処士横議」）、尊王攘夷という目的に向かって行動する人士のことである。幕末においては、出自を問うことなく、尊攘の志だけを基準に使われるようになった。「辰吉」の実態は分からないけれども、草莽の資格があった可能性は小さくない。

この「草莽」という言葉に、起ちあがることを意味する「崛起《くつき》」という言葉が結びつき、「草莽崛起」という熟語が出来上がった。松陰独自のタームとされる。

全集のなかの初出は、安政六（一八五九）年二月九日頃に佐世八十郎に宛てた手紙である。二月九日といえば、伏見要駕策を周旋するために、入江杉蔵を上京させようと画策していた頃のことだ。

佐世は自重を唱える「諸友」の一人であった。

「吾が藩当今の模様を察するに、在官在禄にては迚《とて》も真忠真孝は出来申さず候。尋常の忠孝の積りなれば可なり。真忠孝に志あらば一度は亡命（脱藩）して草莽崛起を謀らねば行け申さず候」。

食禄の士にはもはや期待しない。草莽とはかれらに向けた対抗概念である。もちろん佐世その人に対する皮肉も含まれていた。

松陰は口頭ですでに「草莽崛起」を唱えていたのであろうか。はっきり熟語として使われているところを見ると、ここで初めて出来た言葉ではなさそうだ。

私が数えたところでは、全集には、手紙八本、意見書一件のなかに計十か所の「草莽崛起」または「草莽の崛起」という表現が使われている。大事な概念なので、しつこいようだが、ひとつひとつ見ていきたい。

二度目は、前の節に紹介した「要駕策主意（上）」のなかである。たとえ名君・名相がいても、まわりが奸物や愚物ではどうにもならないと言ったあとの箇所である。もう一度引用する。

「かくのごときの天下を以て興隆を望み恢復《かいふく》を謀るは、猶ほ河清を待つがごときのみ。ここを以て草莽《そうもう》の崛起《くつき》に非ずんば、何を以て快を取らん」。

しかしこの先で、草莽のなすことは君側の「小人・邪人」を取り除いて、「正人君子」を本来の位置に就かしめることだと述べている。つまり草莽の力とは、制度のなかの悪を取り除き、正義を確立するためのはたらきにすぎず、決して革命的なイメージではなかった。

このひと月後には、さらに絶望的な状況のなかで使われた。京における野村和作の周旋が失敗に終わり、帰国して岩倉獄に投じられた、そのすぐ後の三月二十六日に小田村伊之助・岡部富太郎に宛てた書簡である。「此の後草莽崛起の人あらば神州尚ほ左衽《さじん》（夷狄の風俗）を免かるべけれど、是れも覚束《おぼつか》なし」と、ほとんどない物ねだりに近い使われ方である。この後に、先に引用した和作に対する不満が述べられる。

三月二十九日に小田村伊之助・久保清太郎・久坂玄瑞に出した手紙でも、「天未だ神州を棄てずんば草莽崛起の英雄あらん」と、きわめて抽象的な願望にとどまった。この頃やはり小田村と久保に宛てた手紙でも、つぎのように述べる。伏見要駕策までのプランはすべて失敗したけれども、行動に敗れた人は心が固まり、他日の役に立つ。「著眼《ちやくがん》は実に草莽崛起にあり」。

四月四日に岩倉獄の野村和作に宛てた手紙も、死をもとめる絶望的な心境から繰り出された。「人は吾れを以て乱を好むとも云ふべけれど、草莽崛起の豪傑ありて神州の墨夷の支配を受けぬ様にありたし。然れども他国人共《ども》崛起して吾が藩人虚空にして居るなり。吾が藩に忠臣あらば早くいずれにか崛起して外より吾が藩を救ふ手段あるべし。何卒《なにとぞ》乱麻となれかし」。具体的な展望を失った松陰は、混乱のなかに英雄の出現を待望したのであった。

これから紹介する有名な手紙も、この延長線上に見なければならない。四月七日付の北山安世宛書簡である。佐久間象山の甥にあたる北山は、長崎遊学の帰路、萩に立ち寄り、松陰と文通し、密かに面会もした。

天朝も外夷に対する汚れの意識がつよく、「上古の雄図遠略」にまるで思いが及ばない、という先に引用した箇所につづく部分である。「列藩の諸侯に至りては征夷（幕府）の鼻息を仰ぐ迄《まで》にて何の建前もなし。征夷外夷に降参すれば其の後に従ひて降参する外に手段なし。独立不羈《ふき》三千年来の大日本、一朝人の羈縛《きばく》を受くること、血性ある者視るに忍ぶべけんや」。そして有名なフレーズが来る。

「那波列翁《ナポレオン》を起してフレーヘード（蘭語で自由）を唱へねば腹悶医《ふくもんいや》し難し」。ナポレオンは国家独立・雄略の英雄とされ、「フレーヘード」は近代哲学上の自由というよりは、独立を目指す国民の気概のようなものとしてとらえられている。このすこしあとに、つぎの文句がつづく。

「今の幕府も諸侯も最早《もはや》酔人なれば扶持の術なし。草莽崛起の人を望む外頼みなし。されど本藩の恩と　天朝の徳とは何如《いか》にしても忘るるに方なし。草莽崛起の力を以て近くは本藩を維持し、遠くは　天朝の中興を補佐し奉れば、匹夫の諒《まこと》に負《そむ》くが如くなれど、神州に大功ある人と云ふべし」。

自由を唱えて草莽が崛起するのではない。本藩の恩義に報い、天朝を中興するために、草莽の力を借りよう、いやみずからが草莽として力を発揮しようというのである。

「義卿が崛起の人なり」

しかし次第に、松陰のなかに草莽を主体とする思想が胚胎する。「政府を相手にしたが一生の誤りなり。此の後は屹《きつ》と草莽と案をかへて今一手段遣《や》つて見よう」と四月十四日付で和作に打ち明け、「左候て草莽崛起の論も御同心下され、是れよりは相共に精心刻苦して学問すべし」と呼びかけた。

さて最後の用例である。おなじ和作に、このあとおそらく四月中に差し出した手紙である。「此の道至大、餓死・諫死・縊死《いし》・誅死《ちゅうし》（刑死）皆妙、卻《しりぞ》きて一生を偸《ぬす》む亦妙。一死実に難し。然れども生を偸むの更に難きに如《し》かざる事初めて悟れり。実に草莽の案なり。足下云はく、往先《ゆくさき》崛起の人有るか無きかを考へて見ねばならぬ云々。是れは勢を計り時を観るの論なり。時勢こそとまれかくまれ、義卿（松陰）が崛起の人なり、放囚さへすれば、義卿は一人にても遣《や》るなりと云へば粗暴に聞ゆれど、夫れは志なり」。

崛起の人がいるかいないかを見るのは、「功業」に属する問題であろう。時勢がどうであれ、立ち上がるのが「忠義」である。「義卿は一人にても遣《や》るなり」と、草莽の主体とはまずみずからであることを鮮明にしたのであった。

そして小田村・久保・岡部の「三友」に死罪の周旋を依頼したことを反省して、「自ら死ぬ事の出来ぬ男が決して人を死なす事は出来ぬぞ。夫れよりは十分死なれる程功を立つるがよし」と述べ、「義卿、義を知る、時を待つの人に非ず。草莽崛起、豈に他人の力を仮《か》らんや」、と宣言した。

他人や組織に依存しない自由な主体として立ち上がること、これが草莽崛起であった。あきらかに松陰の意識は進展した。そして問題の発言が登場する。

「恐れながら　天朝も幕府・吾が藩も入らぬ、只だ六尺の微躯《びく》が入用」。自分で自分の発言に驚いた気配があり、すぐ付記することを忘れなかった。「されど義卿豈に義に負《そむ》くの人ならんや。御安心御安心」。

松陰は、天朝・幕府・長州藩を否定したのであろうか。そうではない。それらの組織の厄介にはならない、力も借りない、と宣言しただけである。「六尺の微躯」すなわち自分一人でやると言ったのである。

この発言をもって、松陰は天皇制を否定したといった、ためにする議論もあった。この手紙のなかの文脈、この間の松陰の発言、そして刑死までのこの後の発言、どれをとっても、そんな暴論の成り立つ余地はない。語法だけを見ても、「天朝」は「幕府」、「吾が藩」に並列されている。つまり朝廷という組織を指しているのであって、天皇その人を指し示しているのではない。

因循姑息な朝廷の中心にあって、鎖国にこだわる孝明天皇その人に対しても、あるいは批判的な意識を抱きはじめていたかもしれない。それに対しては、長州藩主・毛利慶親の君側の奸を除去しようとしたように、朝廷の君側の奸を排除すればよいだけの問題であった。いざとなれば松陰自身が、なんらかのかたちで、必死の諫言を試みるであろう。すでにその前兆はあった（前掲「子遠に語ぐ」）。

ここで大事なことは、松陰が草莽という自由な主体を発見し、みずからもその一人として生きようとしたことである。ただし本人が獄に繋がれていただけでなく、同志のほとんどから離反され、残った杉蔵・和作の兄弟もまた獄にあった。草莽の連帯を構想するには、あまりにも孤絶していた。

みずからの「一死」によって後発を興起しようとしたのは、限られた条件のなかでは、もっとも実践的な選択肢であったかもしれない。そしてみずから望んで得られなかったその機会は、すぐ先に待ち受けていた。

草莽が連帯する可能性は、その後松陰の死に興起した門下生たちによって結実していく。師に自重を説いた「諸友」の一人久坂玄瑞は、師の死からわずか二年あまりあとの文久二（一八六二）年正月二十一日に、土佐の武市半平太《たけちはんぺいた》につぎのような手紙を書き、坂本龍馬に託した。よく知られた一節ではあるが、やはり引用しておきたい。

「竟《つい》に諸侯不足恃《たのむにたらず》、公卿不足恃《たのむにたらず》、草莽志士糾合《きゅうごう》義挙の外には迚《とて》も策無之《これなき》事と私共同志中申合居《もうしあわせおり》候事に御座候乍失敬《しつけいながら》尊藩も弊藩も滅亡しても大義なれば苦しからず両藩共存し候とも恐多《おそれおおく》も　皇統綿々萬乗の君の御叡慮相貫不申而《あいつらぬきもうさずて》は神州に衣食する甲斐は無之歟《これなきか》と友人共申居候事に御座候」。

松陰の思想と文体がなんと見事に継承されていることか。

第七章　死中に生をもとめる——精神の不滅

1　江戸・評定所

江戸へ檻送

安政六（一八五九）年五月十四日、野山獄の松陰のもとに兄梅太郎が訪れ、重大な知らせをもたらした。昨十三日に江戸から急遽帰国した長井雅楽《うた》が、この日松陰東送の幕命を父百合之助に伝えたというのである（以下の概略は『東行前日記』による）。

おなじ日の夕刻、江戸の飯田正伯・高杉晋作・尾寺新之丞から連名の手紙も届いた。江戸召喚の折には、幕吏に対して公武合体を説き、藩のためになるよう大議論してほしい、と門人たちの願いが認《したた》められていた。ここには、藩の内情は喋るなという江戸藩邸要路からの示唆が含まれていた。

松陰自身も、ただ感情に任せた激論をぶつつもりはなく、臨機応変に対応する所存であった。十五日に父百合之助に宛てた手紙では、出発に際しての心境を簡潔に記している。

「此の度の東行は国難に代るの存念に御座候へば、兼ての狂悖《きようはい》（非常識な狂者）には随分出かしたると存じ奉り候。尤《もつと》も幕吏対訊《たいじん》の事も御座候はば、正義と至誠とを以て百折挫せず、機に随《したが》ひ応接仕るより外之れなく、全く訐直《けつちよく》（他人の非をあげつらうこと）激烈を宗とする訳には之れなく候間、何も御放念遊ばされ、不孝の段は御海恕《かいじよ》祈り奉り候なり」。

死を見つめて内向し、あるいは「草莽」の崛起に一縷《いちる》の望みを託していた獄囚は、一転して幕府喚問をみずからの至誠を試す好機会としてとらえ、あらたな目標を設定したのであった。

この日、兄梅太郎・増野徳民・土屋蕭海・小田村伊之助・品川弥二郎・久坂玄瑞があいついで来訪した。藩内随一の文章家として知られた土屋に松陰はみずからの文稿五巻を託し、編纂し序文を付けて完本とするように依頼した。

松下村塾は、再投獄以来、五か月間主宰者不在、かつ富永有隣も逃亡したまま経過していたが、小田村伊之助を正式な後継とすることに決定した。この後村塾は、小田村から、馬島甫仙《まじまほせん》、玉木文之進、杉民治（梅太郎から改名）と順に受け継がれ、明治二十五（一八九二）年まで存続した。

またこの日、小田村らの提案で、松浦松洞に肖像画を描かせることになった。松洞は伏見要駕策以来、師とのあいだに確執を挾んでいたが、松陰はすんなりこの門下生を受け入れ、この日以降、描かれた八枚の肖像画それぞれに自賛を添えた。

どの賛にも「至誠而不動者未之有也」（至誠にして動かざる者未だ之れ有らざるなり）という『孟子』の一句が中心に置かれていた。松陰東行の覚悟はまさしくここに集約されていた。

この門下の描いた松陰像が、三十歳の青年とは思えぬ老成した風貌であることがしばしば指摘されてきた。それが獄中のやつれのためだったのか、画家の意図に発したものなのか不明ではあるが、のちに描かれた家族の肖像画に重ね合わせてみると、松陰の面立ちがよく像を結ぶように思える。母瀧、叔父玉木文之進、兄梅太郎、妹千代・寿・文、弟敏三郎いずれも、切れ長の目に鼻筋の通った面長の厳しくも涼やかな顔立ちである。ここに格別の気魄を注入すると、松陰の容貌が立ち現われるのではないか。

この間ひっきりなしに訪れる門下生や家族や知人たちに面会し、見知らぬひとがもとめる揮毫《きごう》にも応じ、手紙を二十通以上書くなど、休む暇のない時間を過ごした。これらのことが滞りなく進行したのも、野山獄を差配する福川犀之助の特別の配慮によるものであった。

こうして東行の支度は整えられた。召喚の嫌疑は明らかではなかったが、生きて再び故郷に帰れぬことを覚悟した松陰は、みずからの生涯がのちの人びとを興起することを信じ、そのための準備をしたのであった。

五月二十四日、藩から父百合之助に東送のための身柄引き渡しを命じる文書が届けられた。松陰の入牢は父の借牢願という形式を経ていたので、その形式に沿った命令が下されたわけである。福川は久坂玄瑞の勧めを受け入れて、みずからの一存で、その日松陰を杉家に帰宅させた（このことで福川はのちに咎めを受けた）。

家族や門人たちに囲まれて、松陰は別れの一夜を過ごした。この晩、久しぶりに風呂場で湯を使う松陰に向かって、母瀧は、「今江戸に行つても、どうかモウ一度無事な顔を見せて呉れよ」と声をかけた。松陰はにっこりと笑い、「お母さん、見せませうとも、必ず息災な顔をお見せ申しますから、安心してお待ちください」と答えた。これは妹千代が後年、母から聞いた話として伝えたものである（松宮丹畝「松陰先生の令妹を訪ふ」、明治四十一年、児玉芳子「家庭の人としての吉田松陰」、大正二年）。

村塾時代の回想を第三章に引用した渡辺蒿蔵《こうぞう》も、その晩品川弥二郎に誘われて杉家を訪れた。母瀧が仏壇に燈明をあげて、松陰の無事を祈っていた。松陰も母親に促されて仏前に合掌した（玖村敏雄『吉田松陰』）。瀧は熱心な浄土真宗の信者であり、仏教嫌いの息子もこれには抗えなかった。

二十五日、出発の朝であった。小雨の降るなか、見送る家族や門人に向かって、松陰は最後の挨拶をした。「これが御《お》暇《いとま》乞《ごい》でござんす、どなたも御用心なされませ」と一同に言ったあと、叔父文之進に「をぢさま御用心なされませ」、弟敏三郎には手を取って「おまへは物が言へぬが、決してぐちを起さぬやうに、万事堪忍が第一」、護送役人に対しては「皆御世話ぢや、頼みますぜ」と、それぞれ声を掛けたあと、駕籠のなかに入った（「河村八郎談話」、大正十一年、河村は護送役の一人であった）。

この歯切れのよい口調は、母との会話においても、村塾における「御勉強成されられい」にしても、じつに爽快である。江戸の評定所で同囚になり、松陰に対してあまり好意的でない証言を残した世古格太郎も、言葉づかいに関しては、「言語甚だ爽かにして」と回想している（『昌義聞見録』、刊行年不明）。

松陰の籠は形式に従って、いったん野山獄まで戻ったあと、あらたに正式の檻送の旅が始められた。護送する役人・番人は三十人あまり、なかには父百合之助配下の中間《ちゅうげん》二名も加えられた。小田村伊之助らは松陰門下を番人に加えるように運動したけれども、聞き入れられなかった。この二人はそれに代る措置であった。そんな配慮もふくめて、四年半前に江戸から檻送された時にくらべると、はるかに快適な旅であった。

藩府は、門下生あるいは要駕策の大高又二郎一味が萩付近か伏見あたりに待ち伏せし、松陰を奪還する挙に出るのではないかと恐れて、道中警戒を怠らなかった。しかし何事もなく、駕籠は六月二十五日に江戸の長州桜田藩邸に到着した。

幕府法廷で松陰がなにを話すのか、その範囲と内容を確認する尋問が、ここで行なわれた。藩に迷惑がかかることを懸念する藩吏に対して、松陰は行動計画はすべて自分ひとりが企て実行しようとしたものだと答弁すると約束した。

第一回取り調べ

江戸に入ってから二週間後の七月九日に、幕府の評定所《ひょうじょうしょ》から初めての呼び出しがあった。

評定所とは、幕府の最高司法機関であり、幕政の重要事項、および寺社・町・勘定の三奉行が個別には裁定できない案件が合議された。メンバーは、この三奉行と老中一名で構成され、これに大目付・目付が加わって審議が行なわれた。ただし老中の出席は次第に形式化し、多くの場合には列席しなかった。

今回の場合、町奉行・石谷因幡《いなば》守、寺社奉行・松平伯耆《ほうき》守、勘定奉行兼町奉行・池田播磨《はりま》守、大目付・久貝因幡守などが列席して、取り調べが進行した。

尋問内容は、意外にも二項目しかなかった。ひとつ目は、「梅田源次郎長門下向の節、面会したる由、何の密議をなせしや」。ふたつ目は、「御所内に落文《おとしぶみ》あり、其の手跡汝に似たりと、源次郎其の外申立つる者あり、覚《おぼえ》ありや」（『留魂録』、安政六年）。

どちらの出所も、雲浜梅田源次郎であることは明らかだった。すなわち先に逮捕されていた雲浜の供述によって、松陰が喚問されたのである。ただしそれだけで、長州から松陰を呼び出したとも思われない。

将軍継嗣問題で一橋擁立のために活動した越前藩士・橋本佐内、あるいは密勅問題で薩摩藩士・日下部《くさかべ》伊三次《いそうじ》、水戸藩士・鵜飼吉左衛門《うがいきちざえもん》らを逮捕したように、長州藩からもだれか象徴的な人物を逮捕しておく必要が幕府にあったとしても、不思議はない。

梅田雲浜の口から出た嫌疑は、解消するのに手間は掛からなかった。「夫れ梅田は素《もと》より奸骨《かんこつ》あれば、余與《とも》に志を語ることを欲せざる所なり、何の密議をなさんや」（同）。雲浜は信用できない奴だから、あんな奴と志を語りたくはない、と松陰は答えた。ほぼ本音であっただろう。

ただし『留魂録』は死を直前にして門下生に残した遺書ともいうべき書物であるから、簡潔に全体の骨子だけを記している。取り調べ直後に江戸藩邸の高杉晋作に宛てた手紙は、尋問の進行に即して具体的に記録しているから、こちらも見ておこう。

「辰年冬梅田源次郎長門へ下向の節、密《ひそ》かに面会何を談じ候や」という奉行の問いに、松陰はつぎのように答えた。

「談ずる所なし、ただ禅を学べなど学問の事を談じたる迄なり」。これは松陰の韜晦《とうかい》であろう。政治的な話をしたけれども、かみ合わなかったのにちがいない。

つぎに御所の落し文の件。『留魂録』はここでも簡潔である。「吾が性公明正大なることを好む、豈に落文なんどの陰昧《いんまい》の事をなさんや」。自分は公明正大な人間である、そんなこそこそしたことをすると思うのか、と松陰は反撃したのである。

高杉宛書簡では、松陰はこう答えた。自分は「時勢論」でも書いたように、現在の難局は「明天子・賢将軍・忠侯伯」でも打開できないことを知っている。「故に自ら天下の事をなさんと欲す」。だから自分でやる、というのである。落し文などして、なんで天子さま（明天子）を困らせるようなことをするだろうか。

取り調べはまた雲浜のことに戻り、松陰門下から雲浜の弟子となった赤根武人のことなどをもちだして、執拗に食い下がった。松陰をなんとか雲浜一味にしようとする訊問に、ついに松陰は激昂し、感情をぶちまけた。

「源二も亦奇士、寅（松陰）相知ること浅きに非ず。然れども源二妄《みだ》りに自ら尊大、人を視ること小児の如し、寅の心甚だ平かならず、故に源二と事を同じうするを欲せず」。

あんな尊大でひとをガキ扱いするような人間とだれが一緒にやるものか。ここまでは奉行も十分に納得したであろう。しかし松陰はつづける、「寅は則ち別に為すあるなり」。自分には自分でやるべきことがあったのだ、と口火を切った。

松陰は嘉永六年以来のみずからの行動と思想の軌跡を語り、また幕府の外交文書を暗誦して逐一論駁した。そしてついに「寅、死罪二《ふたつ》あり、皆当《まさ》に自首すべし」と、わざわざ自分から告白したのである。

ここは『留魂録』が要領を得ている。「余、是《ここ》に於て六年間幽囚中の苦心する所を陳じ、終《つい》に大原公の西下を請ひ、鯖《さば》江《え》侯を要する等の事を自首す」。

鯖江侯とは鯖江藩主・間部詮勝《あきかつ》のことである。ただならぬことを聞いた奉行たちは色めきたった。尋問はしばらく中断され、あらためて呼び出しがあった。

ここからはまた高杉宛書簡である。松陰は中断前の供述で、同志たちと上京し、間部を「詰《なじ》らん」とした、と述べた。要撃までは言わなかったのである。しかし当然そこを奉行は衝いた。「汝間部を詰らんと欲す。間部聴かずんば将《まさ》に之れを刃せんとせしか」。詰問して聞かれなかったら、斬るつもりだったのだろうな。

追い詰められた松陰は、「事未だ図《はか》るべからざりき」、そこまでは考えていなかった、と答えるしかなかった。すかさず奉行の裁断が下る。「汝が心誠に国の為めにす。然れども間部は大官なり。汝之れを刃せんと欲す、大胆も甚し、覚悟しろ、吟味中揚《あがりや》屋入りを申付くる」。

もし松陰がこの重大事を洩らさずに、最初のふたつの嫌疑をただ否定しただけで終わっていれば、わずかの応答で松陰の嫌疑は晴れたのだろうか。あるいは最初の質問はたんなるとっかかりにすぎなかったのであろうか。

なんとも言えない。奉行の側としては、なんらかの罰を課して長州藩を牽制しておけば、それで充分だったかもしれない。

しかしその均衡をみずから破ったのは松陰の方であった。雲浜一味と見られたことが、よほど腹に据えかねたのだろうか。感情的になった松陰は、不用意に口を滑らせたのであった。

だがそれは言ってはならないことだったかというと、そうでもない。松陰が江戸入りした六月二十五日から七月上旬のあいだに、藩邸では松陰にさまざまな尋問を行ない、評定における発言の範囲を限定する試みがなされた。そのなかに、大原西下策・伏見要駕策も間部要撃策も含まれていた。つまり江戸藩邸も承知していたのである。

松陰自身が「此の度私儀」、「上書」と題して藩府に提出した予定答弁書がある。ここにはっきりと、大原西下策・伏見要駕策および間部要撃策が明記され、その首謀者は自分一人であると供述するつもりであること、やむを得ない場合にも、野村和作など一人二人の名を出すにとどめ、藩に累が及ぶことは決してないことが明言されていた。

これらの実行計画がすでに幕府に探知されていることを前提に、その先の予防策を張り巡らしていたのであった。幕府のスパイ網がこれをつかんでいたかどうか、定かではない。あるいは大獄実行グループだけは、把握していたかもしれない。

いずれにせよ、第一回訊問は松陰の失態と、そこにすかさず付け込んだ奉行側の勝利に終わった。だが前述の高杉宛書簡では、「後日委細の究明」があり、「余が死後委細の口書《くちがき》(口上書)天下に流伝すべし。其の節御覧下さるべく候」と、供述内容にはかなりの自信があった。またこんな強がりも言っている。

「今日の議論三《みつつ》あり。奉行若《も》し聴を垂れて天下の大計、当今の急務を弁知し、一二の措置をなさば、吾れ死して光あり。若し一二の措置をなす能はずとも、吾が心赤を諒し、一死を免《ゆる》せば吾れ生きて名あり。若し又酷烈の措置に出で、妄りに親戚朋友に連及せば、吾れ言ふに忍びずとも亦昇平の惰気を鼓舞するに足る、皆妙」。

もし奉行が自分の意見を聞いて、一、二の措置を施せば、たとえ自分は死刑になっても光栄である。措置をなさずとも、自分の誠意を諒として一死を免ずれば、死なずとも「名」を得られる。死刑にした上に、親戚や友人まで連座したとしても、太平に眠る人びとを覚醒する役に立つ。どれを取っても、それなりに意味がある。

負け惜しみにも聞えるが、なんにせよ、まず事を起さないことには何事も始まらなかった。そのなにかのきっかけにさえなれば、それは「忠義」の死であるにちがいなかった。

つぎの訊問までしばらくの余裕があった。実行計画については吐いてしまった。また内省の時間が始まった。

揚屋の日々

安政元年以来五年ぶりの揚屋《あがりや》入りであった。収容された西奥揚屋の「名主代」である沼崎吉五郎（元福島藩士）の配慮によって、松陰は初めから「隠居」という上座に席をあたえられた。沼崎の頼みで、孫子や孟子の講義も行なった。テクストがないので、記憶を頼りの講義であった。

また藩邸の高杉晋作・飯田正伯・尾寺新之丞らに、金の無心、身の回り品の調達、手紙のやりとりなど、さまざまな面倒を依頼した。このあたり、松陰はつくづく不思議な人だと思う。高杉たちはついこの前まで、口をきわめて罵倒した「諸友」であったからだ。

しばらくの沈潜期間があったとはいえ、なんの躊躇もなく、ちょっと図々しいくらいに、いろいろ所望するところ、松陰の側におよそ後ろめたい気持ちがなかったのであろう。

その高杉には頻繁に手紙を書いた。差入れに対する礼などに加えて、時々の率直な心境をつづった。第一回の尋問からしばらく経った七月中旬の手紙には、高杉の問いに答えて、死についての所感が述べられている。

「貴問に曰く、丈夫死すべき所如何。僕去冬已来、死の一字大いに発明あり、李氏焚書《ふんしょ》の功多し。其の説甚だ永く候へども約して云はば、死は好むべきにも非ず、亦悪《にく》むべきにも非ず、道尽き心安んずる、便《すなわ》ち是れ死所。世に身生きて心死する者あり、身亡びて魂存する者あり。心死すれば生くるも益なし、魂存すれば亡ぶるも損なきなり」。

『焚書』は明末の李卓吾《りたくご》の著書であり、野山獄再入獄以来、松陰は愛読していた。この読書が、死に急ぐこともなく、死を恐れることもなく、死ぬべき時が来るまで、しっかり生きていこうとする新たな死生観を培った。

それから一か月ほど経った八月十三日に、萩の久保清太郎・久坂玄瑞に手紙を書いた。在牢が長びいているのは、奉行が自分の供述を扱いかねているからではないかと推測を述べたあと、現在の意気込みを記した。

「尤《もつと》も三奉行大憤激して吟味する事にも相成り候はば小子深望の事に候へば、其の節は株連《しゆれん》も蔓延《まんえん》も構はず、腹一杯天下の正気を振ふべし」。いざとなったら、数珠つなぎに罪人が増えてもかまわない、言いたいことを言って、正気（正しい意気）を満天下に振起させてやる、というのだ。

ただ心情にだけ奔っていたわけではない。観察も怠らなかった。おなじ日におなじ二人に宛てたもう一通の手紙では、「在獄の愉快は天下の事能《よ》く相分るなり。徳川の衰尤も能く相分るなり。六年前は滞囚少なく候所、近来滞囚甚だ多し、是れ一徴なり」と、社会学的な分析をも報告した。

ところで、幕府は松陰など重罪人にこんなに自由勝手に文通を許していたのであろうか。もちろん否である。獄卒にうまく鼻薬を嗅がせていたのである。このおなじ手紙のなかで、その手口まで披露した。

「獄より書を出すことは獄の大禁なれば、此の地にて誠に密を尚《たっと》ぶなり。藩にても無識の俗吏の耳に入りては不可なり。之れを密にするに如《し》かざるなり。書翰御寄せなれば入れ賃二朱づつ御付けなければ、高杉亦困窮ならん」。

来信に鼻薬が付いてなければ、高杉が立て替えなければならなかった。こんな具合で、獄内のやりとりも行なわれた。たとえば水戸藩の堀江克之助《よしのすけ》には、八月の末からひと月半のあいだに、全集で数えただけでも、八通の手紙を出している。堀江はハリスを要撃せんとして失敗、安政四年の十二月から獄に繋がれていた。八月二十五日の手紙では、取り調べに対するみずからの心構えについて語った。

「小生料見にては已《すで》に召捕られ候上は大抵の事は明白に申立て奸正（奸か正か）の御糺《おただし》を相願ひ、奸人共と対決の手段が宜敷《よろし》く、身を沈めて浮む瀬もあると存じ候」。松陰は一回目の訊問を決して後悔してはいなかったのである。

二か月近くが経過した九月五日に、第二回の取り調べが行なわれた。今回は三奉行も出席せず、その配下である吟味役が訊問にあたった。梅田雲浜との関係や大原西下策についてはいっさい触れられず、もっぱら「間部諫争（実力を行使して諫めること）」がテーマであった。

雲浜との嫌疑は解消し、大原策についても、大原自身が積極的でなかったという前回の供述が了解されたようであった。

間部はむろん討ち果すつもりであったが、未遂のことを喋々するのも、かえってみっともないと松陰は思い、「諫争」で通した。訊問もそれ以上追及しなかったようである（九月九日付堀江克之助宛）。

さらにひと月後の十月五日に第三回の取り調べがあった。今回も吟味役だけの訊問であり、松陰の眼には、ひきつづき「御慈悲の御吟味口」であった。間部の件も「諫争」で落着、同志の具体名も追及されなかった。これで伊藤伝之輔、杉蔵・和作兄弟が連座するおそれもなくなった（十月六日付飯田正伯宛）。

死を覚悟する

安心したのもつかの間、翌々日の七日に、橋本佐内・頼三樹三郎・飯泉喜内の三人が処刑された。松陰も楽観できぬことを覚り、死罪は免れるとしても、「遠島」までは覚悟した。それでも、孤立した意識が死ぬことばかり考えていた野山獄にくらべて、全国から同志が捕えられた伝馬町の獄は、松陰に生きて何事かをなす勇気をあたえた。流された島での計画も練った（十月八日付高杉晋作宛）。

橋本たち三人の処刑の数日後、飯田正伯宛の手紙で、差入れ・付け届けについて細々と指示した。

前にも述べた無心の一例である。

　まず衣類について。「小生罪科遠島と見た所で蒲団今一つなくては今冬の獄寒凌《しの》ぎ難し。又先日宿願《やどねがい》の節、紋付下へきる小袖を願ひ落し（願い忘れた）候故、呼出しにも下着は獄内にて借衣して出で候位の事なり。之れに因り右両品昨日宿願差出し申し候」。

　つぎに食べ物。「僕投獄已来《いらい》獄中にて相囚人に大いに世話に相成り、獄内の厚き手当に相成り候儀故、右宿願参り候序《ついで》に食物の届物にても致し貰ひ度き存念に御座候」。同囚に対する付け届け用の食品である。

　藩邸の交渉役人は、他藩にくらべて事情に疎いのではないかと懸念し、橋本佐内は当月七日に死罪に処せられたけれども、その後も藩邸の留守居役から物品が届く、この越前に比較されたら、藩の名誉にもかかわることだ、と念まで押している。

　依頼した届け物の一覧を見ると、菓子折り程度ではなく、沢庵四斗樽・醤油一樽・干し魚五百枚・菓子一桶・おこわ一斗五升・煮しめ一桶と豪勢なものであるが、今回自分に掛かる公費のなかではわずかな出費だろうとコメントまでした。積極的な気持ちの表れでもあったが、かなりの甘えでもある。

　十月十六日に四回目の呼び出しがあった。三奉行が揃って出席、前二回に比して物々しい雰囲気に包まれた。今日の供述調書にあたる「口上書《こうじょうがき》」の読み聞かせがあり、間部が諫言を聞き入れなかったときには、「差違《さしちが》へ」、警備の人員がさえぎった場合には、「切払《きりはら》ひ候」所存であったと、記載されていた。

このふたつを否定する松陰とのあいだに言い争いが生じたけれども、どちらにせよ量刑の軽重に変わりはないと奉行は判断し、最終的に削除された。ただし文書の末尾には、「公儀に対し不敬の至り」、あるいは「御吟味を受け誤り入り奉り候」との字句があったので、とても助からないと松陰は覚悟した。

前二回の吟味役の取り調べが丁重であったためにすこし気が緩んではいたが、死はもとより予期したことであった。「鵜飼（吉左衛門）や頼（三樹三郎）・橋本（佐内）なんどの名士と同じく死罪なれば、小生においては本望なり」と、臍《ほぞ》を固めた（十月十七日付尾寺新之丞宛）。

この日から死に支度に入った。心の整理・遺言だけでなく、さまざまの事務的な処理に至るまで、事細かに書き残した。

十月二十日に父杉百合之助と叔父玉木文之進に宛てた手紙は、簡潔ながら心に響く言葉が連ねられた。

「平生の学問浅薄にして至誠天地を感格《かんかく》すること出来申さず、非常の変に立到り申し候。嘸々《さぞさぞ》御愁傷も遊ばさるべく拝察仕り候」と述べたあと、「親思ふこころにまさる親ごころけふの音づれ何ときくらん」という歌を詠んだ。末尾には埋葬の方式について依頼した。

「私首は江戸に葬り、家祭には私平生用ひ候硯《すずり》と、去年十（十一）月六日呈上仕り候書とを神主《しんしゅ》と成され候様頼み奉り候。硯は己酉（嘉永二年）の七月か、赤間関廻浦《あかまがせきかいほ》の節買得せしなり、十年余著述を助けたる功臣なり。

松陰二十一回猛士とのみ御記し頼み奉り候」。

この遺言どおり、萩の松陰神社の御神体は硯と書簡であり、墓も「松陰二十一回猛士」とだけ彫り込まれた。

常日頃の学問が浅く、至誠が天地を動かすことができなかったという冒頭の文言は、決して謙遜ではなく、本心から湧き出た言葉であったにちがいない。

やはり二十日頃に萩の友人・門下に宛てた「諸友に語《つ》ぐる書」と題した手紙は、まず今回の自分が死ぬのは、幕府・藩主・天子のためであるから、「死すとも朽ちず」と述べ、僧月性やこの夏没した友人口羽《くちば》徳祐《とくすけ》（兵学門下で藩重臣）、そして水戸の鵜飼幸吉、越前の橋本佐内、京の頼三樹三郎など、「今皆死して不朽の人となる。吾れ豈に独り諸人に後《おく》るべけんや」と、心境を語った。

つぎに誠と死について考察した。江戸に下るに際して、子遠（入江杉蔵）は「死の字」を贈ったが、自分は「誠の字」で答えた。いま振り返ると、「子遠の言大いに是れ理あり、若し誠字にして未だ遂げずんば、或は頭巾《ときん》の気習あらん」。誠で貫徹できなければ、俗儒とおなじことだったかもしれない、と松陰は謙虚に反省した。

入江杉蔵には別個に二通の手紙を送り、「尊攘堂」という学問所を京都に創設すること、現在の学習院をさらに開かれたものとして発展させることなど、実践的なプランを示した。

さらに十月二十日に江戸藩邸の飯田正伯・尾寺新之丞に宛てて、刑死後の手当を依頼した。自分の首の埋葬は沼崎吉五郎と東の揚屋の堀達之助に頼んでおいた。その費用に三両ほど掛かる。これとは別に、生前の恩義に対する礼として、沼崎に三両、堀に一両、水戸藩の堀江克之助に一両、それぞれ贈ってほしい。これらの費用として、藩邸の周布政之助から十両ほど借りてほしい。

なかなか細かな配慮である。こうしていよいよ最後の著作に取り掛かった。

2　「武蔵の野辺に朽ちぬとも」

『留魂録』

十月二十五日の朝から、最後の著作である『留魂録』の執筆を始めた。死を覚悟したこの十日間の思考と心境を集約した書物であった。冒頭に置かれたのが、「身はたとひ武蔵の野辺に朽ちぬとも留め置かまし大和魂」であった。あまりにも有名な歌である。たしかに松陰の決意を語ってあますところがない。本文の最初の段落では、入江杉蔵との死をめぐるやりとりが取り上げられる。江戸に出発するに際して、杉蔵は自分に「死字」を贈ったけれども，自分は白い綿布に「至誠にして動かざる者未だ之れ有らざるなり」の一句を書き、「手巾」に縫いつけて、評定所に携行した（この手巾はあるいは高須久子が贈ったものかもしれない）。

しかし、自分の徳が「菲薄《ひはく》」なため、幕吏を動かすことができなかった。これは父・叔父に宛てた手紙と同趣旨である。

つぎに最初の訊問の模様が述べられる。大原西下策と間部要諫策（要撃とは言わなかった）を自白したあと、幕吏にやや気を使い、幕府の違勅調印のやむを得なかった事情に言及し、いまどうしたらよいかを開陳した。この事後策は「対策一道」（安政五年）にくわしく書いた内容である。

薩摩の日下部伊三次は、「是《か》くの如くにては往先《ゆくさき》三五年の無事も保し難し」と言って、取り調べの役人を激怒させたが、それでも、「是《ここ》を以て死罪を得ると雖《いえど》も悔いざるなり」と言い切った。とても自分にはできないことだ。子遠（杉蔵）が言ったのも、このことかと思う。しかし肝要なことは、「内に省みて疚《やま》しからざる」ことだ、自分ではそう思っている。

もう一度取り調べの経緯に触れたあと、「今日義卿（松陰）奸権の為めに死す、天地神明照鑑上にあり、何惜しむことかあらん」と結ぶ。三奉行が死罪にするつもりであるからには、生き延びようとは思わない。これは「平生学問の得力」の然らしめるところである。

ついで現在の死生観について述べる。「今日死を決するの安心は四時《しいじ》の順環《じゅんかん》に於て得る所あり」。穀物は、「春種し、夏苗し、秋刈り、冬蔵す」という四季のなかを循環する。収穫の際にはみな喜び、哀しむものはない。自分はまだ三十歳だが、自分にとってはこれが収穫の時である。なにも哀しむことはない。

人生には長短があるけれども、それぞれに四季が備わっている。「義卿三十、四時已に備はる、亦秀で亦実る、其の秕《しいな》たると其の粟《ぞく》たると吾が知る所に非ず。若し同志の士其の微衷（自分の真心）を憐み継紹《けいしょう》の人あらば、乃ち後来の種子未だ絶えず、自ら禾稼《かか》の有年に恥ぢざるなり。同志其れ是れを考思せよ」。

自分の実の優劣は自分の知るところではない。ただし志を継いでくれる人があるならば、穀物の豊年に恥じることはないのである。同志の諸君は、どうかこのことを考えてくれたまえ。

最後は実践の人に相応しく、獄内で志を通じた堀江克之助（ついに面談の機会は訪れなかった）、鮎沢伊太夫、小林民部らを同志に紹介し、連絡の取り方を指示した。結びに、五首の歌を記した。その最後、「七たびも生きかへりつつ夷《えびす》をぞ攘《はら》はんこころ吾れ忘れめや」。七生説と攘夷であった。

十月二十六日の夕方に擱筆《かくひつ》した。大事な文書であるので、二通つくった。

刑死の朝

あくる十月二十七日朝、評定所から呼び出しがあった。三奉行揃って出席し、判決が言い渡された。長州藩を代表して公用人（幕府との折衝役）の小幡彦七が陪席した。その回想がある（「小幡高政談」、明治三十九年以前）。

正面上座に奉行以下幕府役人が列座し、下段右脇横向きに小幡が坐した。しばらくすると松陰が潜り戸から獄卒に導かれて入り、定めの席に就いた。髪も髭も伸び放題、眼光だけが鋭く、小幡には別人のような凄みがあった。直ちに死罪申し渡しの文章が読み聞かせられた。「立ちませ」と促された松陰は起立し、小幡に微笑を含んで一礼し、また潜り戸から出ていった。

その直後、朗々とした吟唱の声が響き渡った。「吾今国の為に死す、死して君親に負《そむ》かず。悠々たり天地の事、鑑照明神に在り」。まだ座に在った幕吏も、襟を正して聞いた。小幡も肺肝を抉られる思いで聞いた。護卒も制止するのを忘れ、朗誦が終わると慌てて駕籠に入れ、伝馬町の獄へ走り去った。

獄では裃の上から荒縄をかけられ、刑場に引かれていった。そのとき、『留魂録』の「身はたとひ武蔵の野辺に朽ちぬとも留め置かまし大和魂」と、評定所での「吾今国の為に死す、死して君親に負かず。悠々たり天地の事、鑑照明神に在り」を再度朗誦した。同囚への訣別の挨拶でもあった。刑場に歩を進めた松陰は、役人たちに会釈し、「御苦労様」と言って端坐した。「其の一糸乱れざる、堂々たる態度は、幕吏も深く感嘆した」。松陰の首を刎ねた山田浅右衛門（のちに首切り浅右衛門として知られる）の証言である（「松村介石所説」、大正十三年）。

長州藩邸には処刑の前日に報があり、執政の周布政之助から尾寺新之丞に知らされた。当日、尾寺は飯田正伯を伴い、師の遺骸を引き取るために奔走したが果せず、ようやく二十九日に、小塚原の回向院《えこういん》で引き渡すという獄吏の約束を取り付けた。

その日の午後、桂小五郎・伊藤利輔（のちの博文）を加えた計四人で、大甕《かめ》と大石を荷車に乗せて、回向院へ向かった。ここで幕吏から四斗樽に入った師の亡骸《なきがら》を引き渡された。蓋を開けると、衣類をはがれた血塗れの遺体があった。

四人は遺体を洗って清め、下着を着せて、甕に収めた。そして橋本佐内の墓の左側に埋葬し、大石を置いた。しばらくのちに、「松陰二十一回猛士墓」と刻まれた墓碑が立てられた。だがこの墓碑は、他の大獄の刑死者のものとともども、幕府によって破壊された。

尾寺と飯田はこの埋葬に関する詳細、十月二十日付父・叔父宛手紙、そして獄中の沼崎吉五郎に託されていた『留魂録』とを萩に送った。

三年後の文久二（一八六二）年、勅書により大獄の犠牲者の名誉回復がなされると、刑死者の墓地に師の墓があることに懸念が表明され、翌三年の一月に回向院から、若林村（現在、世田谷区若林）の長州藩別邸（江戸藩邸火災時の避難場所）があった大夫山《だいぶやま》に改葬された。同時に、頼三樹三郎と小林民部の遺骨も大夫山に移された。

このとき回向院から大夫山まで、高杉晋作の指揮のもと、伊藤利輔・白井小助・赤根武人・山尾庸三らが遺体の甕を荷車に乗せて行列した。上野山下の三枚橋を渡る際、将軍にしか許されない真ん中の御成橋《おなりばし》を幕吏の制止をも聞かず、強引に渡ったという逸話があるが、明治の講談で創作されたフィクションであるらしい。

翌元治元（一八六四）年、禁門の変で長州が敗走すると、大夫山の墓も、別邸ともども破壊された。結局明治元（一八六八）年に改めて現在の墓域が整備され、十五（一八八二）年に隣接した地に松陰神社が創建された。萩でも、明治四十（一九〇七）年に松下村塾に隣接して、松陰神社が創建された。

3 「死すとも朽ちず」

死をめぐる煩悶

安政五年の暮に野山獄に再投獄されてから、安政六年十月二十七日に斬刑に処せられるまでの十か月間、松陰はみずからの死をめぐる煩悶を繰り返した。とくに万策尽きた三月の下旬には、みずからの一死によって同志を興起しようとしたのか、ただ自暴自棄に死をもとめていたのか、その境界さえ定かでなかった。

　そんなどん底のなかで、松陰は死ぬことのむつかしさに気づきはじめた。四月二日に野村和作に宛てた書簡の一節である。

「実に徒死は難し。僕先日餓死することの出来ぬも是れなり。桜（桜任蔵、水戸藩士、この時は大獄を逃れ潜伏中）なんど死は易々なれど無益の死はせぬと云ふ。吾が藩同志の士も皆此の言あり、大うそなり。死が何ぞ易々ならん。二つなき命なれば難し〳〵。そこで死なねば済まぬ訳合《わけあい》を得《とく》と知らねばならぬ」。

　和作も伏見要駕策に対する周旋に失敗し、大坂に潜伏しているときであるなら、「慷慨《こうがい》の死」を遂げることができただろう。だが萩に帰ってからの「従容《しょうよう》の死」はなかなかむつかしい。「両《ふた》つなき命なれば惜しんだ上も惜しみ、最上至極な所を遣《や》らう」、こう松陰は和作に呼びかけた。

　しかし精神状態は安定しない。二日後の四月四日にまた和作に手紙を出し、冒頭に「死は一生の結局なり、故に亦難し。一句絶妙」と言ったあと、先にも引用した「何卒乱麻となれかし」と世の中の混乱を希求し、死に急ぐ気持ちを表白する。

「僕が死を求むるは生きて事をなすべき目途なし。死んで人を感ずる一理あらんかと申す所と、此の度の大事に一人も死ぬもののなき、余りも〳〵日本人が臆病になり切つたがむごい（なさけない）から、一人なりと死んで見せたら朋友故旧生残つたもの共も、少しは力を致して呉れうかと云ふ迄なり」。死んで見せてやる、といった心境であった。

同趣旨のことは、野山獄から一月十二日に小田村伊之助に宛てた手紙のなかでも語られていた。

「国家（長州藩）士を養ふこと二百余年、一旦大事に遇《あ》ひ大節に臨みて、一人の義に死する者なし、豈《あ》に江家（毛利家）の大恥に非ずや」。

回復の兆しが見えるのは、四月十四日におなじく和作に宛てた手紙である。小田村たちに依頼した一死の周旋も取り合ってもらえず、「然れば縊死《いし》かと一夕読を廃して工夫す。縊死固より好し、併《しか》し命が惜しい。なぜと云ふに、吾が両人死せば一時は流涕して呉れるものはあらん、併し何如《いか》に感じても吾が目中には吾が輩程に志を篤くし、時勢を洞観したる人はなし。然ればうぬぼれながら吉田義卿神州の為めに自愛すべし」。

吾が輩ほどの人間が簡単に死んでなるものか、代わりはいないのだから、というプライドが頭をもたげた。ではどうするのか、「政府を相手にしたが一生の誤りなり。此の後は屹《きつ》と草莽と案をかへて今一手段遣《や》つて見よう」と、前向きな姿勢を見せたのである。

この手紙は和作に出す前に、入江杉蔵に見せたらしい。杉蔵は「大笑」したというが、松陰の正直さに対する共感の笑いだったのだろうか。

おなじ十四日に小田村伊之助にも率直な思いをつづった。小田村・久保・久坂に死の周旋を依頼したことを振り返り、「今にして之れを思へば、僕亦死を怖れしなり。自ら死する能はずして、翻《かえ》つて人に我が死を致さんことを求むるは、非情も甚し。人情、死を怖る。人の死を怖るること、更に自ら死するよりも甚し」、と反省の弁を述べた。

和作宛の手紙を読んで大笑いしたその杉蔵には、二十二日頃に率直な文章を送った。「余り怒りよるととう〳〵腹もなんにも立たぬ様になる。吾れは腹はもう立てぬ。併し又立てたら夫れも自然と恕《ゆる》して呉れ」と前置きしてから、「自然説」と題した心境を語った。

「子遠子遠、憤慨する事は止むべし。義卿は命が惜しいか、腹がきまらぬか、学問が進んだか、忠孝の心が薄く成つたか、他人の評は何ともあれ、自然ときめた。死を求めもせず、死を辞しもせず、獄に在つては獄で出来る事をする、獄を出ては出て出来る事をする。時は云はず、勢は云はず、出来る事をして行き当《あた》つつれば、又獄になりと首の座になりと行く所に行く。吾が公に直《ただち》に尊攘をなされよといふは無理なり。尊攘の出来る様な事を拵《こしら》へて差上げるがよし。平生の同志は無理に吾が公に尊攘をつき付けて、出来ねば夫れで自分も止めにする。無理につき付けて見た事、是れ迄は義卿も同様。是れからは手段をかへる」。

怒って怒って怒りまくったあげく、ようやく肩の力が抜けたのであった。これまでのように、ひとに自分の考えをむりやり強制はしない、自分がまずできることから始めよう、そしてひとが動きやすいような条件を整える、こう心に決めた。

死をわざわざ求めはしないという心境に達した松陰に、それから三週間ほど経って江戸から召喚状が届いた。

「死なぬ人々の仲間入りも出来候へば」

松陰という人は、まずなによりも政治活動家である。その活動の最初の動機は武士としての責任であった。さらに皇民としての自覚が転機をもたらした。

思想家としての松陰のテーマもあくまで政治的課題であり、同時にその実践にかかわる倫理的な基本と態度が問われた。

その一方で、それらの活動や言説と切り離しがたい関係にあったのが、死をめぐる問い返しであった。これはかなり特異な現象である。どこの政治活動家がこんなにも死について語りつづけたであろうか。

その原因も、死に対する不断の怖れや、死に対する潜在的な願望ではない。これだけ死について語りながら、死ぬことへの心理的な恐怖を告白した箇所は見当たらない。「命が惜しい」とは言うが、みずから死を求めることに対する留保の言葉でしかない。

死に対する実存的な意味を問い返した形跡もない。たしかに短い人の生に対するはっきりとした自覚はある。「人間僅《わず》か五十年、人生七十古来希《まれ》、何か腹のいえる（気持ちの晴れる）様な事を遣《や》って死なねば成仏《じょうぶつ》は出来ぬぞ」と言い、「十七八の死が惜しければ三十の死も惜しし。八九十百になりても是れで足りたと云ふことなし。草虫水虫の如く半年の命のものもあり、是れ以て短とせず。松柏の如く数百年の命のものあり、是れ以て長とせず。天地の悠久に比せば松柏も一時蠅《いっときばえ》なり」、と述べた（安政六年四月頃、品川弥二郎宛）。

人生の価値は長短ではない、それぞれの条件のなかで、なにをなしたかだ、という決然たる主張であった。しかし生きてなにかをやりつづけるというつもりではない。「死を求めもせず、死を辞しもせず」と言ったのも、性急に死をもとめないというだけのことだ。「死すとも朽ちず」、「死して名あり」ということが究極の目標であった。

ハイデガーは、死に直面することによって、人間は実存の本来性に目覚めると説いた。松陰も死という人間の絶対的な条件を前にして、人生を考えた。肉体や意識が消滅することは否定できないけれども、その死に方があとから来る人びとを興起することがあれば、その死には大きな意味があり、死んでも朽ちず、その名は残りつづける、と考えた。そしてそのように実践した。

死によって肉体も精神も、そしてみずからにとっての世界も消滅するという絶対的な与件のもとで、松陰は他者にとっての世界のなかに、みずからの生と死とが力をもたらすことに、望みをつないだのであった。

つまり、死んだら精神も肉体も世界もすべて消滅して、死んだ松陰にはなにも残らない、しかし生き残った人びとの世界のなかに「松陰」という思想が残り、興起するという構図であった。

ハイデガーから見れば、まったくのはぐらかしである。それはそれで構わないけれども、しかしどれだけのひとがこの議論に納得するだろうか。そもそもほとんどのひとは名を残すことができないのであれば、これはごくごく限られたエリートにしか通用しない論理なのではないか。この疑問を考えるヒントになる文章がある。安政六年の四月十三日にいちばん上の妹の千代にあたえた手紙である。

四月十三日といえば、野村和作と小田村伊之助に手紙を書き、絶望のどん底から回復の兆しを見せ、生きることにもう一工夫してみようという意気込みを示した、その前日である。

このすこし前に千代が、手紙に添えて観音様にお供えした米を届けてくれたことに対する感謝の言葉から書きはじめ、自然の成り行きで宗教の話題に入っていく。

そもそも松陰は儒学の合理主義と国体論の敬神・尊王の精神から、仏教の教説と習俗に好感をもっていなかった。それは父百合之助も叔父玉木文之進も兄杉梅太郎も、同様であったと思われる。しかし松陰の母瀧と末の妹である文の二人は、熱心な浄土真宗の信者であり、松陰東送の前夜にも、瀧が仏壇に手を合せ、息子の無事を祈っていた話はすでに紹介した。この二人は明治になってさらに信仰を深めたと言われている。

千代も信心深い女性であったのだろう、兄のために観音様に願い事をしたのである。この兄思いの好意を、妹思いの松陰が否定できるわけはなく、ありがたく受けとめたうえで、しかしついつい説教の癖が顔をのぞかせる。

自分はまだ観音経は読んだことがないけれども、法華経の普門品《ふもんぼん》に観音力《かんのんりき》ということが書いてあるので、その大意を説明してみよう。こう言って、自分の仏教理解を披露する（なおこの普門品の第二十五の別名が観音経であるから、松陰は観音経を読んでいたのである）。

ここに書いてあるのは、観音様に心の底からお願いすれば、縄にかかっても縄はすぐに切れ、牢屋に入れられても鍵がはずれ、打ち首になっても刀が折れるということである。だがこれは小乗仏教の「方便」であって、たとえ話にすぎない。

大乗仏教の「出世法」（出家する法）では、人間の苦の根源である生老病死から脱却する方法が説かれた。釈迦は五年の修行ののち、この四苦を免れる方法を会得し、世の人を済度（救済）した。

では死なないということは、どんなことなのか。簡単に言えばこういうことだ。「釈迦の孔子のと申す御方々は今日まで生きて御座る故、人が尊《たっと》みもすれば難有《ありがた》がりもする、おそれもする。果して死なぬではないか。死なぬ人なれば縄目も人屋も首の座も前に申す観音経の通りではござらぬか。楠正成公ぢやの大石良雄ぢやのと申す人々は、刃ものに身を失はれ候へども今以て生きてござる。乃《すなわ》ち刀のちんぢに折れた証拠でござる」。

我田引水もいいところである。千代は兄上の言うことだからと尊重はしただろうけれども、決して納得はしなかったにちがいない。松陰自身は「死」という言葉を隠喩的に拡大して、みずからを納得させているのだが、他者に対する説得力はきわめて弱い。松陰死後も、母や妹たちの仏教信仰が深まりこそすれ、消え去らなかったのは当然のことであった。

しかし松陰はこの論理を押しとおす。「拙者なんど人屋にて死に候へば禍のやうなものに候へども、又一方には学問も出来、己れのため人のため後の世へも残り、且々《かつがつ》死なぬ人々の仲間入りも出来候へば、福此の上もない事に候」。

楠正成や大石内蔵助が「死なぬ人々」の代表であるように、死んでも朽ちないのはごくわずかのエリートにすぎない。松陰はその仲間入りを目指し、実際にその仲間入りをしたと確信して、死んでいった。

松陰にとって死の問題は、実存の問題であるよりは、「名」の問題、すなわちプライドと名誉の問題であった。

さて、松陰東送の籠は五月二十五日に萩を出発して、六月二十五日に江戸に到着した。その間、松陰は駕籠のなかから詩を口吟しては護卒に筆記させた。のち『縛吾集』としてまとめられた作品群である。そのなかに気になる一節がある。萩を出てから十日目の六月五日の作である（ちなみに翌六日に赤穂城下を通過している）。

「夢中の夢は真と作《な》り、醒《さ》めて後怱《たちま》ち幻となる。何《いず》れの時か大夢醒め、人生の患《うれい》を脱却せん」。

常套の発想だといえばたしかにそうではあるが、最後の一句が気になる。つづくもう一作も見ておこう。

「千五百《ちいお》秋《あき》大八洲《おおやしま》、太陽昭乎《しょうこ》として皇統悠たり。安《いず》んぞ容《い》れん、猾賊《かつぞく》、海の外内、膺懲《ようちょう》廃《すた》れたり、名分晦《くら》し。嗚呼《ああ》、孤臣の此の行、万人観る、生豈に容易ならんや死もまた難し」。

前半には尊王攘夷の定型が配されているが、後半は沿道の群集に眺められる孤独な心理が表現され、最後に生死ともに容易でないことを慨嘆する。

その文脈から前の詩を見ると、この世での苦闘を脱却し、安らかな死の世界を願っているようにも読めるのだが、果してどうだったのか。

終章　留魂か鎮魂か

1　留魂——興起する力

「大和魂」——実践と文章

「身はたとひ武蔵の野辺に朽ちぬとも留め置かまし大和魂」。松陰辞世の歌である。この「大和魂」はどのようにして留め置かれたのだろうか。

生きているあいだは、みずからの実践によって、多くは死を賭した実践によって、ひとを興起した。また直接の言葉によって、対話者を奮い立たせた。直接対話できないときには、書簡や意見書や論説というかたちで、みずからの考えを表明した。

松陰が引き継ぎ、活性化し、実践に移した精神が、また他者の共感を呼び起こし、それぞれの活性化を施されて、あらたな実践に移される。この連鎖のなかに引きつがれたエートス（気風）こそ、この世に留め置かれた「大和魂」である。

生前の松陰の実践は蹉跌の連続であり（唯一の成功例が松下村塾であった）、晩年の実行プランは、実行に移されて失敗したのではなく、プランの段階でことごとく挫折した。同志はつぎつぎに離反し、最後は杉蔵・和作の兄弟しか残らなかった。その杉蔵も一度は、「絶交してくれ」とまで、悲痛な叫び声をあげた。

もし幕府から召喚がなければ、召喚されても死罪が宣告されなければ、松陰のもとに同志たちが再集合することはあったのだろうか。おなじ死でも、野山獄中のハンガーストライキで死んでいれば、藩府によって刑死させられていれば、これだけのインパクトはあり得なかったのではないか。江戸で幕府によって殺されたために、松陰が願った以上に、その死は人びとを興起する力をあたえられた。図らずもこのように刑死が演出されたことで、「大和魂」は強化され、幕末の長州を震撼したのである。

お膳立てをつくったのは幕府であったが、しかし松陰という役者の側にひとを魅するそれだけの力がなければ、この芝居は成り立たなかった。また取り調べ初日の松陰の台詞がなければ、死罪もあり得なかった。松陰は大舞台に立った大役者であった。むろん松陰になにも演ずるつもりはなく、ただ「誠」にしたがって行為しただけであったのだが。

松陰の「大和魂」は、この記憶が励起する力に加えて、もうひとつのメディアを獲得していた。残された文章である。

松陰は実践の人であった。門下生には、学者になるなと教育し、文章のために文章を書く文人を軽侮した。しかし岩波書店から刊行された定本版の全集は全十巻、判型が小型化した普及版は全十二巻の威容を誇る。堂々たる文業である。

若くして亡くなった作家の全集を見ると、たとえば北村透谷が三巻、樋口一葉が六巻、梶井基次郎が三巻、中島敦が三巻と、これらプロの文学者の全集の方がずっと小規模である。これは異なことと思わなくてはならない。

松陰がまとまった文章を書きはじめたのは嘉永二（一八四九）年二十歳のときであり、亡くなったのが安政六（一八五九）年三十歳のときであるから、執筆期間はほぼ十年間。そのあいだも、前半は遊歴や踏海など、全国を動き回った時代であり、書きものに専念できたのは獄室あるいは幽室にあった後半の五年間にすぎない。

それでこの分量である。全集の二割近くを占める関連資料、二割ほどに相当する書簡類を差し引いても、大変な原稿量である。もとよりすべて毛筆の手書きであり、なかには控えとして二通つくったものもある。

筆まめだったとか、書くのが好きだったとか、そんな理由では説明できない、もっと深いわけがなければならない。

版元の依頼などもちろんないし、だれかに頼まれて書いた文章もごくわずかである。それも「松下村塾記」のように、どれも短文であった。つねにみずからの必要に発して書いた文章であり、適宜それらの文章を編集し綴じあわせた。それぞれに自分でタイトルも付けた。文業が後世に残されることをいつも念頭に置いていたのである。

江戸檻送を知らされた翌日の安政六年五月十五日に、松陰は獄を訪れた土屋蕭海《しょうかい》に文稿五巻を渡し、編纂し序文を付けて完本とするように依頼した。このとき土屋に示した文面に、「今吾が骨は未だ何《いず》れの所に暴露するかを知らず、而れども公（土屋蕭海）先づ吾が文を録存せば、吾れ道路に死すと雖《いえど》も可なり」と記した（『東行前日記』）。

みずからの死後、自分の精神と思想は記憶や伝承によっても語り伝えられるが、正確には文章によって伝えられるしかない。文章を見る眼において信頼していた土屋が選集を編纂し、それが後世に伝えられていくことで、自分の「大和魂」はこの世に留め置かれると松陰は信じたのであった。人びとのなかの記憶に残り、文章が読み継がれる、それこそが、「死すとも朽ちず」、「死して名あり」ということであった。これらがひとを興起するメディアであった。

文章が興起する力は松陰の署名入りの「大和魂」であり、ひとからひとへと伝えられていくエートスは、匿名化した「大和魂」であった。

長州が幕末の政争の主役のひとつであり、松陰の死に方がいかに劇的であったとしても、松陰の側に人びとを興起する力がなければ、これだけの影響力はあり得なかった。幕末・維新期にかぎらない、今日においても（いかに眉唾ものが多いとはいえ）、松陰は人びとに力をあたえつづけている。

人びとを興起したのは、松陰の「誠」が生み出した力であろう。これまで折に触れて、松陰の「誠」という生き方を見てきたけれども、ここでその基本のあり方について、まとめて考えてみたい。

誠――人と天に通ずる道

幕府に召喚され東送される松陰が、「至誠而不動者未之有也」（至誠にして動かざる者未だ之れ有らざるなり）の一句をみずからの肖像画の賛にしたため、また白布にこの一句を書いて評定所に携行したことは、すでに述べたとおりである。

「誠」あるいは「至誠」こそが、松陰生涯にわたるモットーであった。これまで見てきたように、「尊王」、「攘夷」、「草莽」といった言葉に象徴される政治思想は、時を経てその意味内容を変えてきた。しかし「誠」という倫理思想に関しては、一貫してその内包を保持した。

嘉永六（一八五三）年に藩主に提出した「将及私言」では、「誠」はあくまで実践的な倫理として、「実」、「一」、「久」という三つのあり方に即して語られた（七五ページ参照）。黒船来航という緊急事態を前にして対抗手段を論じた文章であるから、当然の語り方であった。

幽室で執筆した『講孟余話』（安政三年）では、儒学の解釈として簡潔にその意義が述べられた。「四書・六経《りくけい》・歴代史乗《しじょう》、浩瀚《こうかん》なりと云へども、その日用の要帰《ようき》は一の誠の字に止まる。而して君としては仁、臣としては忠、父としては慈、子としては孝、是れのみ」。中国古典は広汎にわたるけれども、要点は「誠」に集約される、と断言したのである。

別の箇所では、「人唯だ一誠あり、以て父に事《つか》ふれば孝、君に事ふれば忠、友に交はれば信。此の類千百、名を異にすれども、畢竟《ひつきよう》一誠なり」（同）と語った。主旨はまったく変わらない。またひとの心を動かそうとするモチーフは、すでに「至誠」ではないとも述べた。「誠」は真心から発せられるもので、効用のためになされれば、不純になった。

単純明快な倫理である。松陰はこれで生涯を生き、死んでいった。誠を貫きとおせば、当然人びとのあいまいな世間常識や仕来りや既成の秩序に抵触する。したがって誠はしばしば「狂」として発現するが、それは松陰の望むところであった。

いくら真心からはたらきかけても、通じないときは通じないものだとか、効用狙いの行動や言説がまんまと的中することだってあるとか、松陰が考えなかったことはない。明晰な頭脳の持ち主であるかれが、これしきのことは百も承知であった。

にもかかわらず、かれは「誠」に生きた。それはきわめて主体的で、意志的な選択であった。ただの信仰や軽い信念であったならば、挫折するたびに（実際に挫折の連続であった）、この徳目を疑い、とっくの昔に放擲《ほうてき》していたことだろう。

だから幕吏に至誠が通じず、死罪の判決が下ったときにも、「平生の学問浅薄にして至誠天地を感格《かんかく》すること出来申さず、非常の変に立到り申し候」（安政六年十月二十日付父・叔父宛）と、観念することができたのであった。

東送されるに際して、入江杉蔵は「死の字」を贈ったが、松陰は「誠の字」で答えた。しかし刑死を前にして、松陰はみずからに問い返した。誠と答えておきながら、その誠が通じもせず、死にもしなければ、口先だけの俗儒となにも変わりがなかったではないか。「若し誠字にして未だ遂げずんば、或は頭巾《ときん》の気習あらん」（「諸友に語《つ》ぐる書」、十月二十日頃）。

しかし人と人とのあいだの能動的な関係としてだけ、この倫理が成立していたのかといえば、そうではない。右の引用でも、「至誠天地を感格すること出来申さず」と、「天地」という形而上的なタームが顔を覗かせていた。幕吏という具体的な人物を説得できなかったというのではなく、天地にまで至誠が達し動かすことができなかったという言い方を選択しているのである。

つまり誠の倫理は、人と人とのあいだに成立する倫理でありつつ、そのことをとおして、「天」という超越的な存在にまでつながっていた。松陰は、「天は即ち理なり」（『講孟余話』）と規定したうえで、天命について、「是れ命なりと云ひて安坐して、初めより手を下さざるは正命に非ざるなり。其の道を尽さざればなり」（同）と述べて、こちらから能動的にはたらきかけなければ、「天」の「命」も明らかにならないとした。

「道」とは、「父子君臣夫婦長幼朋友」の五倫を縦糸に、「仁義礼信」の四徳を横糸にして織り合せたものであった。そして「誠とは此の道を専一真実に行ひて息《や》まざることなり」と述べた（同）。つまり天理は誠の実践のなかに、そのなかにのみ立ち現われる。その行為の外側に、超越として存在しているのではなかった。

誠が人に通じたとき、それはそのまま天に至っていた。誠という倫理は、人に通じることをとおして天理を実現する通路であった。

したがって松陰は、天とはなにかといった形而上学的な問いを追究しない。知的に追究することで答えが出る概念ではなく、誠の実践によってのみ現われるひとつの理《ことわり》だからであった。評定所で松陰を取り調べた奉行たちを衝き動かし、幕府の政策を変更させたときに、誠は同時に天に通じるはずであった。しかし誠は通じなかった。至誠が天を動かさなかったのではなく、みずからの至誠に不足があったからだ、と松陰は反省した。

「情の至極は理も亦至極せるものなり」（同）とも語られるように、無心の真心が相手に達したときに理＝天が出現する。すなわち誠の倫理の保証は結果のなかにしかないというきわめて逆説的な構造が、ここに露呈されている。

いかに主観的に疚《やま》しさがなかったとしても、結果が伴わなければ誠に不足があったと考えざるを得ない。疚しさがあれば論外だけれども、疚しさがなくとも、それが十分条件にはならなかった。

つまり誠に主観のなかの保証はなく、それでも人は誠に徹して生きなければならない。江戸期の儒学は誠中心の儒学にシフトしてきたとされるが、松陰に至って、極北の倫理にまで結晶化された。その姿に私たちは（すくなくとも私は）打たれるけれども、もはや普遍化の道は閉ざされた。なぜ誠に生きなければならないのか。ここにはだれにでも納得できる説得的な答えは見出せない。

むろん誠実という倫理は今日の私たちの日常のなかに生きつづけているし、それを疑う理由もない。誠実をまったく否定すれば、言語も約束も契約も、人間関係の暗黙の了解のすべてが崩壊する。人間関係の基本にある「共感」という心的原理が倫理として表出されたものが、誠実であるからだ。

誠実は双方向的な関係の概念であり、人間社会のルールと、そのルールを成り立たせる基本の関係を規定する。いま私たちが誠実という倫理を追求するならば、個人の主観を基軸にするのではなく、相互主観的な視点から再検討されなければならない。

松陰のひたすら主観的な誠の倫理は、その悲劇的な死を代償にして、その不可能性を私たちに教えてくれたのではなかったか。

2 鎮魂——深く追体験すること

一君万民論を問い直す

松陰の政治思想における最終的な到達点が一君万民論であったことは、論者のなかにほとんど異論はない。「恐れながら　天朝も幕府・吾が藩も入らぬ、只だ六尺の微軀《びく》が入用」という一節をコンテクスト抜きに取り出して、松陰は最後には天皇を否定し、人民革命家になったという我田引水の議論もあったが、暴論であることはすでに説明した。

問題はこの一君万民論をいまどう評価するかということである。戦後思想のオピニオンリーダーであった丸山眞男は、戦中の論文「近世日本政治思想における『自然』と『作為』（第六節）」（一九四一年発表。戦後の『日本政治思想史研究』に収録）において、松陰の攘夷論をつぎのように評価した。

「国民が己れの構成する秩序に対する主体的自覚なくして、単に所与の秩序に運命的に『由らしめ』られているところ、そこには強靱な外敵防衛は期しえない——こうした自覚の成長は、必然に尊皇攘夷論をして、ヒエラルヒッシュな形態から一君万民的なそれへと転化せしめずにはやまないのである」。

また「国民主義の『前期的』形成（第三節）」（一九四四年発表。おなじく『日本政治思想史研究』に収録）では、「独立不羈《ふき》三千年来の大日本、一朝人の羈縛《きばく》を受くること、血性ある者視るに忍ぶべけんや。那波列翁《ナポレオン》を起してフレーヘードを唱へねば腹悶医《ふくもんいや》し難し」（安政六年四月七日付北山安世宛）という一節で知られる書簡を引用したあと、つぎのように論じた。

「松陰の悲痛な現状観察――日本の対外的自由独立を双肩に担いうる者は、幕府にも諸侯にも公卿にも、要するに一切の封建支配層のうちに見出しえないという認識」は、おのずと、「現政治社会機構の擁護ではなく逆に『今の世界の一変』に一切の課題の解決を懸けること」へと導いた。松陰自身は、「そうした『世界の一変』が具体的に如何なるものであるかについて殆んど知るところなく、ただ来るべき一君万民への方向を漠然と予感しつつ」死んでいった。だが「尊皇攘夷論はここに至ってその歴史的限界の許す限りの道程を歩み尽した」。

このように丸山は、近代の国民主義へと結実する一君万民の方向を、幕末の尊攘論の枠組みのなかにおける最終的な成果として評価した。丸山は、戦時中というかれにとっての否定的な条件のなかで、かえって松陰の根源的な思考の意味を見出したのであった。

しかし松陰の一君万民論は、徹底的に問い詰められたことによって、それ自体を内側から食い破る可能性を秘めていた。想い起していただきたい、もし天皇のなかに暴君が出現した場合には、どうしたらよいのかという問いかけである（くわしくは一三九ページ参照）。

もし天皇に桀紂《けっちゅう》のような悪虐な振舞いがあったときには、民衆はすべて宮城の前にひれ伏し、泣いて、天皇の改悟を祈るだけである。不幸にも天皇が激怒して民衆すべてを誅した場合には、それは神州の亡ぶ時だ。一人でも生き残れば、また宮城の前で死ぬだけである。それが神州の民というものだ。

こう松陰は言いきった。自虐的に聞えるかもしれないが、これほど恐ろしい抗議行動があるだろうか。デモなどの比ではない。すべての民が、おなじ資格で天皇の改悟を祈り、一人残らず殺されるまで動かない。「而して後神州亡ぶ」と松陰は言明した（「斎藤生の文を評す」、安政三年）。

民衆のすべてが宮城の前に屍体をさらし、暴君ひとりが残される。「国体」の消滅であり、「神州」の滅亡である。いまの私たちに認めがたい風景であるだけでなく、「密勅」や「錦旗」を弄び、「玉」（天皇）を操作した尊攘の志士たちにも、受け入れがたい風景であったにちがいない。

「神州」や「国体」が存立するためにどうするかではなく、その原理のゆきつくところ、「神州」や「国体」が滅亡しても、その滅亡は受け入れざるを得ない。それは「神州」の最期であった。功利を徹底的に廃した松陰の「忠義」の論理、「誠」の倫理の究極的な負の到達点であった。

つまり究極の一君万民思想は、ということは究極の尊王思想といってもおなじことだが、背理なのであった。松陰の根源的な思考だけが突きとめた背理であり、松陰の根源的な想像力だけがイメージした風景、すなわち億兆の屍《しかばね》を前に佇むたったひとりの暴君というグロテスクな風景であった。

こんな究極を思考実験するまえにさまざまな工夫を案出するのが、政治思想というものである。たとえば明治の福沢諭吉は、「帝室は政治社外のものなり」と言明した（『帝室論』、明治十五年）。日本が立憲君主制の独立国家として国際社会に存立するためには、そしてそれが現時点における最良の選択であるならば、天皇は国民の一方の立場や利益を代表してはならず、次元の異なる位置すなわち「政治社外」に置かれなければならない。

幕末の政争のなかで討幕派も幕府側もともに天皇シンボルを奪いあい、とくに討幕派は「玉」を掌中に収めようと策動した事実を、福沢はいやというほど見ていた。「玉」の奪いあいは議論の外にみずからの正統性の根拠を確保しようとする行為である。「文明」の進展を阻害するばかりか、歴史を後退させかねなかった。

丸山眞男は、「いかに福沢がここで日本の皇室にたいし溢美《いつび》の言を呈していても、その論の核心は一切の政治的決定の世界からの天皇のたなあげにあります」と論評した（『「文明論之概略」を読む』下巻、一九八六年）。

中江兆民も、別の工夫を披歴した。「畢竟《ひつきよう》天子様は政府方でも無く国会や我々人民方でも無く、一国衆民の頭上に在《ましまし》て別に御位を占させ給ふて神様も同様なり」。「天子様は矢張り迥《はるか》に政府と別段の訳柄にて、天子様の御了簡はいつも誤らせ給ふこと無く御身体は微塵も犯し奉る可きものに非ずとの定則《きまり》が有るが故に、政府の処置に於て錯誤《あやまり》有るときは内閣諸大臣が其責に当りて天子様は少も関《あづか》らせ給ふこと無し」（『平民の目さまし』、明治二十年）。

尊王的なレトリックを駆使して、「天子様」を無答責《むとうせき》の位置にまで上昇させてしまおうと考えたのである。

福沢も兆民も持説から導き出されるであろう共和制をストレートに主張はしない。福沢は「文明」の発展を議論の基礎に置き、兆民は人民みずからが獲得すべき「恢復《かいふく》的の民権」を根本原理としながら、それぞれ目前の課題には現実的に答えようとした。

かれらはみずからの原理論と、現にある君主制との折り合いをつけるために苦労した（かれらに天皇に対する敬愛の気持ちがなかったわけでは決してないが）。いわば大人の議論であった。

それに比べれば、あくまで「誠」で押しとおす松陰の議論ははるかに幼い。だが誤魔化しを許さぬその議論は、一君万民思想のカタストローフを指し示した。むろん松陰はひとつのシミュレーションとして提起したにすぎなかったが、その破局の風景は私たちの脳裏に刻みつけられた。

松陰は「那波列翁《ナポレオン》を起してフレーヘードを唱へねば腹悶医《ふくもんいや》し難し」とは言ったものの、「自由」という理念など知らなかった。ただし松陰にとって、天皇という超越に保証された「皇民」は互いに対等であり、そのことによって封建的な羈絆《きはん》から解放される権利をもっていた。

しかし欧米において、神によって保証された自由や平等を、異教徒にもおなじく認めることが困難であったように、天皇に保証された平等性は国境を越えることができなかった。いやそれ以前に、「皇民」であるという規定は、すでに所与の価値を個々の人びとに担わせていた。つまり皇民としての自由とは、その価値を担うことを前提とした自由であり、あらゆる可能性を潜在させた「自由」概念ではなかった（「神の僕《しもべ》」も、マルクス主義の「プロレタリアート」も同様の問題をはらんだ）。

相互に承認されたルールを破りさえしなければ、なにをしても許されるという自由ではなく、あたえられた使命を実現する自由であった。その極限が一君の前に皇民すべてが屍をさらすという先の風景であった。

マルクス主義による発展段階史観は、幕末の尊王攘夷思想に対して、歴史を一段階先に進めた進歩思想として評価した。ここでは尊攘思想の内実が問題ではなく、ただ「進歩」を促す形式性だけが評価の対象であった。したがって明治以降の天皇を絶対化した思潮に対しては、反動的という逆の評価があたえられた。

「日本思想大系」（岩波書店）の『吉田松陰』（一九七八年）の編者のひとりである藤田省三は、その解説「書目撰定理由」のなかで、「尊皇」、「攘夷」などの旗印は「状況の変数中の変数」として読まれなければならないと述べる。

藤田はそれらの旗印の背後に、「異議申し立て」と「横議・横行」という松陰の精神の普遍的意味を見出し、これらが制度と精神の両面における旧秩序を根底から打ち崩す精神にほかならなかったと主張する。

それは十分に納得できるが、なぜ尊王や攘夷といった思想の中味を変数としてカッコに入れ、忌避するのか。むしろこれらの思想内容をいましっかり見極めることの方が必要なのではないのか。置換可能な変数として検討の外に置くことで、私たちのなかのあいまいなエートスは保存されつづける。

進歩史観とはまったく無縁の河上徹太郎も、松陰の政治理念をなにか別の理念に置き換えてもかまわないと述べる。

「それにしても今日では、君臣の義などいふと、天皇制が明治時代に名目論的に擬制化され、それが戦争で絶対的強権を背負ひ、更に戦後その全面的な否定を見たことは、今日まだ生々しい思想界の渦巻をなしてゐて、それにこだはりなしに発言出来ないのが面倒である。たゞ確かなことは、黙霖も松陰も、こんな天皇制論議と関係ないことである。彼等は、何ものかに強要されたのではなく、天皇を自分の初心で発見してゐるのである。その一点で二人は純潔に結びつき合つてゐる。だから御望みなら天皇の代りに『神』とでも『デモクラシー』とでも『自由』とでも『民族の心』とでも、置き換へて一向構はない。それで彼等のいひ分も私の趣旨も、論理的にはそのまゝ通じる」（『吉田松陰』）。

松陰を現代に引きつけて論ずる河上の言い分はたしかに通る。しかしかれらの言い分についてはどうだろうか。われわれとはちがう歴史的骨格をもった人間として松陰を受けとめることにこそ、松陰を理解する意味があるのではないだろうか。

草莽という可能性

松陰は政治的思索の最後に、「草莽」という封建的しがらみからいっさい解放され独立した主体を発見した。この政治変革の担い手は互いに独立しつつ、共通の目標に向かって積極的にはたらきあう存在であった。そしてまず自分自身がその起ちあがるべき主体であることに松陰は気づいた。「義卿（松陰）が崛起の人なり」、「義卿は一人にても遣《や》るなり」。

その主体は時勢や他者に頼らず、逆に時勢や他者を変えるために、自立して実践することが宣言された。「義卿、義を知る、時を待つの人に非ず。草莽崛起、豈に他人の力を仮《か》らんや」。

朝廷も幕府も藩も、あらゆる組織の厄介にならずに、自分だけを頼りにやるところまでやる、こう松陰は言いきった。「恐れながら　天朝も幕府・吾が藩も入らぬ、只だ六尺の微軀《びく》が入用」。

このとき松陰は孤立無援の情況に追い込まれていた。実際になにかに頼ろうにも、頼るものはなにもなかった。同志の大半は離反し、松陰のもとを去っていった。まさしく「六尺の微軀」しか残されていなかった。

絶望的な主体が叫んだ、能動的な主体の宣言であった。絶望的な精神はふつう自暴自棄な言葉を発する。たしかに松陰もやけっぱちな発言を何度も繰り返した。しかし絶望の淵に沈みつづけはしなかった。なにがそれを可能にしたのか。松陰の資質であり、志操の堅固さであった。そしてそこには、伝統的な精神がはたらいていた。

日本倫理思想史の相良亨は、『講孟余話』の「大丈夫自立の処なかるべからず。人に倚《よ》りて貴く、人に倚りて賤《いや》しきは、大丈夫の深く恥る所なり」という一節を例証しつつ、「松陰が草莽崛起を唱えたことは有名であるが、それもまたこの自信独立の精神の押し出すところであった」と述べた。すなわち草莽の自立する精神に、鎌倉武士以来の「対峙する精神」、「独り立つ」精神を読みこんだのであった（『日本人の心』、一九八四年）。

つねに死を覚悟して戦場を渡り歩き、敵にも敬意を払うことを忘れなかった「戦闘者の精神」は、統治者の心得である士道を唱えた松陰のなかにも伏流し、独立の気風として甦《よみがえ》った。この武士のエートスが松陰の孤独を支え、ひとりでも打って出る気性を育んだのであった。新しい理念と古いエートスが結合した主体の誕生であった。

この独立した主体が、身分の貴賤、実力の大小を問わず、全国さまざまなところに起ちあがり、連帯し、ぶつかりあい、変革に立ち向かうこと、これが「草莽崛起」であった。「一身独立」した主体が「一国独立」を目指して切磋琢磨する。松陰が最後に到達したこのイメージは、あきらかに暴君の前にすべての屍をさらす民衆の表象とは掛け離れていた。かれはすでに遠くまで来ていた。

松陰の「誠」はもちろん安易な乗換えや転身を許さない。かれが幕末をもう少し生き延びていれば、「尊王」と「草莽」をめぐるさらにラディカルな思想のドラマを見せてくれたにちがいない。第五、六章で見たように、かれはその一歩手前まで来ていたのである。

孝明天皇は決して暴君などではなかったが、松陰没後、松平容保《かたもり》や一橋慶喜《よしのぶ》を信頼し、公武合体に固執したため、討幕を主張する尊攘派とのあいだに確執が生じた。

生身である天皇の発言力が強まれば強まるほど、一君万民論の構造の問題点が露呈したのである。と同時に、一君の意志がさまざまなかたちで捏造《ねつぞう》され、それに異を唱える人びとの反発の対象となった。

明治の福沢や兆民はその具体化した弊害に抗する対策を講じたが、松陰は一君万民論の背理の予兆を身をもって指し示していた（超越が神や理念であっても、それを体現すると称する人びとが権力をもったとき、同様の問題が発生する）。「攘夷」の思想においては、松陰はかなり早い段階で「一国の独立」という理念に読み換えることに成功した（「雄略」をめぐる問題点を同時に胚胎したが）。「尊王」に関しても、あと一歩であった。しかしその一歩は、松陰の実存を揺るがすような試練の一歩であっただろうことはまちがいない。

追悼と鎮魂

藤田省三は、「独立してどんな時代に対しても一定の普遍的意味を持っている事」を「思想家」の要件とすれば、松陰は思想家とはいいがたいと言明した。松陰に普遍的な思想を表明した主著がないだけでなく、「そういう作品を生み出すための精神的基礎が――『世界に対する徹底的な考察的態度』が――恐らく欠けていた」というのである（「書目撰定理由」）。

こういう感触は、松陰信奉者を除けば、多くの松陰読者に共通するものではないだろうか。ひとことで言えば、原理的思考に欠如しているのである。私も学生時代に主著とされる『講孟余話』を初めて読んだときは、がっかりした記憶がある。自分の信念をいっさい疑うことなく、その信念にしたがって強引に論述する姿勢に、共感できなかったのである。

藤田は松陰の短い生涯そのものが主著のないかれの唯一の主著だったと考え、「日本思想大系」の松陰の巻の大きな部分を書簡によって構成する理由とした。たしかにひとつの見識である。

しかし松陰の思考は、およそ原理的でも哲学的でもないにかかわらず、根源的であった。自分にとっての与件である価値体系をついに内側から破壊するところまで、徹底的に考え詰めたからである。与件としての価値そのものに対する「方法的懐疑」は稀薄であったけれども、その価値のあり方を「誠」という倫理的能力によって、その論理のゆきつくところまで考えきり、生ききったのであった。

松陰は与件としての思想の底板をあらんかぎりの力で踏み切り、踏み破った。このことを深く追体験することが、松陰を読み、松陰を考える意味である。そのことで私たちのなかに底流するあいまいなエートスの正体が姿を現わしてくるにちがいない。

それが松陰を追悼し鎮魂することである。そのカタルシスのなかから、私たち自身の思考を始めなければならない。

東送の籠のなかで、松陰はつぶやいた。「何《いず》れの時か大夢醒め、人生の患《うれい》を脱却せん」。松陰の御魂が鎮まり、安らかな眠りにつくことを、ひたすら祈りたい。

引用・参照文献一覧（刊行年は、初出・初版年を記した本文と異同がある）

1　松陰のテクスト

山口県教育会編『吉田松陰全集』全十巻（定本版、岩波書店、一九三四―一九三六年）
山口県教育会編『吉田松陰全集』全十二巻（普及版、岩波書店、一九三八―一九四〇年）
山口県教育会編『吉田松陰全集』全十一巻（大和書房、一九七二―一九七四年）
吉田常吉・藤田省三・西田太一郎編『吉田松陰（日本思想大系54）』（岩波書店、一九七八年）

＊本書の松陰のテクストは基本的に大和書房版（普及版全集の戦後改訂版）に拠ったが、これに未収録のテクストについては定本版に拠った。また左に記載のない関連資料は、大和書房版または定本版に収録されたものである。

2　伝記・研究・文学作品

海原徹『松下村塾の人びと』（ミネルヴァ書房、一九九三年）
海原徹『吉田松陰と松下村塾』改訂版（ミネルヴァ書房、一九九九年）
海原徹『松下村塾の明治維新』（ミネルヴァ書房、一九九九年）
海原徹『江戸の旅人　吉田松陰』（ミネルヴァ書房、二〇〇三年）
海原徹『吉田松陰』（ミネルヴァ書房、二〇〇三年）

尾崎秀樹ほか編『中里介山全集』第十六巻（筑摩書房、一九七二年）
川上喜蔵編著『宇都宮黙霖・吉田松陰往復書翰』（錦正社、一九七二年）
河上徹太郎『吉田松陰――武と儒による人間像』（文藝春秋、一九六八年）
河上徹太郎『吉田松陰の手紙』（潮出版社、一九七三年）
玖村敏雄『吉田松陰』（岩波書店、一九三六年）
玖村敏雄『吉田松陰の思想と教育』（岩波書店、一九四二年）
信夫清三郎『象山と松陰』（河出書房新社、一九七五年）
司馬遼太郎『世に棲む日日』全三冊（文藝春秋、一九七一年）
関根悦郎『吉田松陰』（創樹社、一九七九年）
高橋文博『吉田松陰』（清水書院、一九九八年）
田中彰『松陰と女囚と明治維新』（ＮＨＫブックス、一九九一年）
田中彰『吉田松陰』（中公新書、二〇〇一年）
妻木忠太『吉田松陰の遊歴』（泰山房、一九四一年）
寺尾五郎『革命家吉田松陰』（徳間書店、一九七三年）
徳富蘇峰『吉田松陰』（岩波文庫、一九八一年）
徳富猪一郎（蘇峰）『吉田松陰』改版（民友社、一九〇八年）
奈良本辰也『吉田松陰』（岩波新書、一九五一年）
奈良本辰也・杉浦明平・橋川文三『吉田松陰（批評日本史6）』（思索社、一九七一年）
奈良本辰也『吉田松陰　東北遊日記』（淡交社、一九七三年）
広瀬豊『吉田松陰の研究』（マツノ書店、一九八九年）

広瀬豊『吉田松陰の士規七則』（国書刊行会、二〇一三年）

3 関連する資料と研究

葦津珍彦『武士道——戦闘者の精神』（徳間書店、一九六九年）
井崎正敏『天皇と日本人の課題』（洋泉社・新書y、二〇〇三年）
市井三郎『「明治維新」の哲学』（講談社現代新書、一九六七年）
一坂太郎『高杉晋作の手紙』（講談社学術文庫、二〇一一年）
一坂太郎『吉田稔麿　松陰の志を継いだ男』（角川選書、二〇一四年）
今井宇三郎・瀬谷義彦・尾藤正英編『水戸学（日本思想大系53）』（岩波書店、一九七三年）
加藤祐三『黒船前後の世界』（ちくま学芸文庫、一九九四年）
加藤祐三『幕末外交と開国』（ちくま新書、二〇〇四年）
金谷治『孟子（新訂中国古典選第五巻）』（朝日新聞社、一九六六年）
慶應義塾編『福沢諭吉全集』第五巻（岩波書店、一九五九年）
国木田独歩全集編纂委員会編『定本国木田独歩全集』第八巻（学習研究社、一九六六年）
桑原伸一『国木田独歩と吉田松陰』（牧野出版、二〇〇〇年）
相良亨『誠実と日本人』（ぺりかん社、一九八〇年）
相良亨『日本人の心』（東京大学出版会、一九八四年）
相良亨『相良亨著作集3　武士の倫理・近世から近代へ』（ぺりかん社、一九九三年）
佐々木克『幕末史』（ちくま新書、二〇一四年）
佐藤昌介・植手通有・山口宗之編『渡辺崋山・高野長英・佐久間象山・横井小楠・橋本左内（日本思想大系

55)』（岩波書店、一九七一年）
田中彰『幕末の長州』（中公新書、一九六五年）
徳富健次郎（蘆花）『謀叛論　他六篇・日記』（岩波文庫、一九七六年）
徳富蘇峰『近世日本国民史　開国日本』全四冊（講談社学術文庫、一九七九年）
徳富蘇峰『近世日本国民史　井伊直弼』（講談社学術文庫、一九八三年）
中島健蔵編『国木田独歩集（明治文学全集66）』（筑摩書房、一九七四年）
中野好夫『蘆花徳富健次郎』第三部（筑摩書房、一九七四年）
奈良本辰也編『近世政道論（日本思想大系38）』（岩波書店、一九七六年）
日本史籍協会編『武市瑞山関係文書』一（東京大学出版会、二〇〇三年）
深谷克己監修『百姓一揆事典』（民衆社、二〇〇四年）
福地源一郎『幕府衰亡論』（民友社、一八九二年）
福本義亮編『久坂玄瑞全集』（マツノ書店、一九七八年）
松本三之介『天皇制国家と政治思想』（未来社、一九六九年）
松本三之介ほか編『中江兆民全集』第十巻（岩波書店、一九八三年）
丸山眞男『丸山眞男集』第二巻（岩波書店、一九九六年）
丸山眞男『丸山眞男集』第十四巻（岩波書店、一九九六年）
三谷博『ペリー来航』（吉川弘文館、二〇〇三年）
村井益男・森谷尅久編著『年表日本歴史5　江戸後期』（筑摩書房、一九八八年）
吉野誠『明治維新と征韓論――吉田松陰から西郷隆盛へ』（明石書店、二〇〇二年）
尹健次《ユンコオンチャ》『日本国民論――近代日本のアイデンティティ』（筑摩書房、一九九七年）

あとがき

去年（二〇一四年）の一月、旧知の編集者・小川哲生さんから、日本人の評伝のシリーズを企画しているから、一冊書かないかという連絡があった。

私は吉田松陰と即座に答えた。この間たしかに松陰に新たな関心を抱きつつあったとはいえ、まだ本を書こうとは思っていなかった。しかしこれを機会に一気に取り組んでみようと肚を決めた。

松陰との付き合いは、大学時代にまで遡る。倫理学科で日本の思想を専攻していた私は、卒業レポートに田中正造を取り上げようと思い、指導教官の相良亨先生を訪ねた。

田中正造をやりたい、正造は土着の立場から日本の近代社会を批判し実行した人である、と趣旨を説明すると、先生は言下に、もっと大物をやりなさいと言った。私はすこしムッとしたけれども、先生のいう「大物」はあくまで倫理思想史上の位置づけだということは分かったので、その場はひとまず引き上げた。

正造を否定されると、あとは松陰しか候補がなかった。松陰はあくまで武士の立場から発想した人だが、しっかり地に足を着けて考えたという点では正造に共通していた。

また駄目だと言われても、もう引き下がるまいと決意して、ふたたび先生の研究室を訪ねると、今度は一転して、ぜひやれと激励された。学部や大学院では大物と取り組み、まず基礎を固めなければならないという懇切な忠告もあった。松陰はたしかに倫理思想史上のビッグネームに位置づけられていた。

早速吉祥寺の古本屋で購入した普及版全集を頭から読みはじめた。読みすすめるにつれてつくづく感じたのは、この人にはかなわないということであった。それは言行一致などという一般的なテーゼでは説明しきれないものだった。言ったことはかならず行なえという当為が言行一致であるとすれば、それは松陰には無駄な要請であった。

こんなに裏もなければ陰もない誠一筋の人間と向き合っていると、なかなか批評の糸口が見つからず、どこから攻めればいいのか当惑した。「尊王」や「攘夷」といった一見「反動的」な概念のなかに積極的な意味を見出そうと努力はした。しかしそれだけでは政治思想史になってしまう。

結局、その「誠」という倫理の由って来るところを、「天」という形而上的存在との有機的な連関のなかで論じてみようと思い、レポートに取り掛かった記憶がある。本書では一ページほどで済ませたことを延々論じたのだから、いまとなっては苦笑せざるを得ない。

ただし松陰のなかに進歩的な要素を見出すのではなく、保守に徹したことの思想的可能性を論じたという点では、今回とモチーフを共有していたかもしれない。

結局大学院には出願しなかったけれども、就職してからも松陰関連の本や雑誌を買い集め、読むという習慣が十年ほどはつづいた。

しかしその後、いま松陰から思想的可能性を引き出すことは無意味だと考えるようになった。「かなわない」とばかり思っていた松陰の生き方にも、そう生きざるを得なかったかれなりの基盤が分かってきたし、ただ参っていた自分の側の問題点も見えてきた。こうしてかなりの年月、松陰のことは念頭から離れた。

松陰がふたたび気になりはじめたのは、ここ数年のことである。松陰が考え、生きた軌跡を追体験することに大事な意味が残されていることに、あらためて気づかされたのである。

もちろん私たちは松陰の時代から長い距離を歩いてきた。かれの頭をかすめもしなかったテーマをいま私たちは考えている。しかしその一方、松陰が当時取り組んだテーマを、松陰よりずっとあいまいに引きずったまま、今日の時代を生きているのも事実だ。さまざまな社会的発言のなかに、そして当の松陰評価の言説のなかに、それはしばしば露呈している。

松陰が同時代に考え尽した基盤の上に、いまの私たちのテーマを考えることには、たんに歴史趣味にとどまらない重要な意味があるにちがいない。小川さんの誘いは、私のなかに萌していたそんな思いを一気にまとめあげるきっかけをつくってくれた。

こうして一月から七月までは資料の読み直しにあて、八月から起稿しようという予定を立てた。「松陰の妹」が翌二〇一五年の大河ドラマの主人公になるというニュースを知ったのは、資料読み大詰めの初夏のことであった。その後毎月何冊も関連本が出版されるようになった。私の本は周回遅れのゴールになりそうで、いささか気持ちは暗い。

一次稿が仕上がった段階で萩の城下町を再訪したいと思っていたのだが（あとがきはその折の印象

を書くつもりだった）、当分延期した。いま行けば喧噪に巻き込まれるだけのような気がしたからである。一年前に訪れた世田谷松陰神社の森閑とした境内も、いまはツアー客が押しかけていると聞く。

しかし本書は、読んでくださった方にはすでにお分かりのように、そういうブームのなかにも引き継がれた戦後の松陰イメージ、あるいは松陰信奉者が引きずる戦前からのイメージとは、はっきり一線を画するものである。

小川哲生さんにはこれで五冊目、言視舎社長の杉山尚次さんには二度目のお世話になる。気分よく仕事ができたのは、ひとえにかれらの励ましのおかげである。

二〇一五年二月二十日

井崎正敏

[著者紹介]

井崎正敏（いざき・まさとし）

評論家。1947年、東京生まれ。東京大学文学部倫理学科卒業後、筑摩書房に入社。「ちくま学芸文庫」編集長、「ちくま新書」編集長、専務取締役編集部長などを経て、2001年に退社、評論活動に入る。この間に武蔵大学客員教授、東京大学・明星大学非常勤講師なども務めた。主な著書に、『天皇と日本人の課題』『ナショナリズムの練習問題』（いずれも洋泉社・新書y）、『倫理としてのメディア』（NTT出版）、『〈考える〉とはどういうことか？』（洋泉社）、『〈戦争〉と〈国家〉の語りかた』（言視舎）がある。

編集協力………小川哲生、田中はるか
DTP制作………勝澤節子

〈言視舎　評伝選〉
吉田松陰——幽室の根源的思考

発行日❖2015年4月30日　初版第1刷

著者
井崎正敏

発行者
杉山尚次

発行所
株式会社言視舎
東京都千代田区富士見2-2-2 〒102-0071
電話03-3234-5997　FAX 03-3234-5957
http://www.s-pn.jp/

装丁
菊地信義

印刷・製本
中央精版印刷㈱

ISBN978-4-86565-016-7 C0321

言視舎刊行の関連書

飢餓陣営叢書１
増補　言視舎版

978-4-905369-34-9

次の時代のための吉本隆明の読み方

吉本隆明が不死鳥のように読み継がれるのはなぜか？　思想の伝承とはどういうことか？　たんなる追悼や自分のことを語るための解説ではない。読めば新しい世界が開けてくる吉本論、大幅に増補して、待望の復刊！

村瀬学著　聞き手・佐藤幹夫

四六判並製　定価1900円＋税

飢餓陣営叢書２

978-4-905369-44-8

吉本隆明の言葉と「望みなきとき」のわたしたち

３・１１大震災と原発事故、９・１１同時多発テロと戦争、そしてオウム事件。困難が連続する読めない情況に対してどんな言葉が有効なのか。安易な解決策など決して述べることのなかった吉本思想の検証をとおして、生きるよりどころとなる言葉を発見する。

瀬尾育生著　聞き手・佐藤幹夫

四六判並製 定価1800円＋税

飢餓陣営叢書３

978-4-905369-55-4

生涯一編集者
あの思想書の舞台裏

吉本隆明、渡辺京二、田川建三、村瀬学、清水眞砂子、小浜逸郎、勢古浩爾……４０年間、著者と伴走してきた小川哲生は、どのようにして編集者となり、日々どのような仕事のやり方をしてきたのか。きれいごとの「志」などではない、現場の本音が語られる。

小川哲生著 構成・註釈 佐藤幹夫

四六判並製　定価1800円＋税

飢餓陣営叢書４

978-4-905369-62-2

石原吉郎
寂滅の人

壮絶な体験とは、人に何を強いるものなのか？ラーゲリ（ソ連強制収容所）で八年間、過酷な労働を強いられ、人間として、体験すべきことではないことを体験し、帰国後の生を、いまだ解放されざる囚人のように生きつづけた詩人・石原吉郎の苛烈な生と死。著者「幻の処女作」ついに刊行！

勢古浩爾著

四六判並製　定価1900円＋税

飢餓陣営叢書5

978-4-905369-70-7

徹底検証　古事記
すり替えの物語を読み解く

「火・鉄の神々」はどのようにして「日・光の神々」にすり替えられたのか?　古事記を稲作共同体とその国家の物語とみなすイデオロギーに対し、古事記は「鉄の神々の物語」であるという視座を導入して、新たな読みを提示する。

村瀬学著

四六判上製　定価2200円＋税

言視舎　評伝選
石原莞爾

978-4-86565-014-3

石原莞爾を知らずして現代の戦争と平和は語れない。満州事変の首謀者にして、2・26事件の鎮圧者、そして世界最終戦争論の予言者…彼の生涯につきまとう「謎」を「人生の四つの要素」——宗教家的要素、思想家的要素、軍人的要素、政治家的要素——から解き明かし、思想の全体像に迫る。

四六判上製　定価2700円＋税

渡辺望著

※＜言視舎　評伝選＞以下続刊予定
『竹内敏晴』『森崎和江』『鶴見俊輔』『島成郎』

編集者＝小川哲生の本
わたしはこんな本を作ってきた

978-4-905369-05-9

伝説の人文書編集者が、自らが編集した、吉本隆明、渡辺京二、村瀬学、石牟礼道子、田川建三、清水眞砂子、小浜逸郎、勢古浩爾らの著書265冊の１冊１冊に添えた「解説」を集成。読者にとって未公開だった幻のブックガイドがここに出現する。

Ａ５判並製　定価2000円＋税

小川哲生著 村瀬学編